小礼仪大气场

XIAO LIYI DA QICHANG

迟双明◎编著

成都时代出版社
CHENGDU TIMES PRESS

图书在版编目（CIP）数据

小礼仪 大气场 / 迟双明编著 .-- 成都 ：成都时代出版社，2018.11
ISBN 978-7-5464-2211-4
Ⅰ.①小… Ⅱ.①迟… Ⅲ.①礼仪—通俗读物②心理交往—通俗读物 Ⅳ.①K891.26-49 ②C912.11-49
中国版本图书馆 CIP 数据核字（2018）第 228836 号

小礼仪 大气场
XIAOLIYI DAQICHANG
迟双明 编著

出品人 李文凯
责任编辑 李 林
责任校对 樊思岐
装帧设计 范 磊
责任印制 唐莹莹
出版发行 成都时代出版社
电 话 （028）86618667（编辑部）
（028）86615250（发行部）
网 址 www.chengdusd.com
印 刷 三河市祥达印刷包装有限公司
规 格 710mm × 1000mm 1/16
印 张 14
字 数 200 千字
版 次 2018 年 11 月第 1 版
印 次 2018 年 11 月第 1 次印刷
印 数 1-8000
书 号 ISBN 978-7-5464-2211-4
定 价 39.80 元

9 大核心要点，用小礼仪修炼大气场

- 小礼仪成就大气场
- 树立良好形象，提升气场威慑力
- 举手投足，尽显不凡气度
- 小品格，折射大气场
- 朋友圈小秘密：不知礼则失礼，失礼则无人理
- 说话小礼仪：一开口就让人喜欢你
- 职场小礼仪：职场顺，气场顺
- 商务宴会小礼仪，洽谈更顺利
- 涉外礼仪展现国际风范

书摘短语

行为举止是气场的一面镜子。从人们的日常生活习惯中，就能推断出一个人有无气场魅力。

如果你的社会关系是一台机器，那么，彬彬有礼的态度就是那台机器中的润滑剂。

判断一个人是不是成功，最主要的是看他是否非常自如地发挥了自己的专长。

诚信是人们进行社会礼仪交往的基本道德规范，是衡量一个人品德的重要指标，是一个人能在社会中立足的根本，是散发个人魅力的气场之源。

真正的气场魅力来自人们所忽视的礼仪修养。

微笑是一切魅力的源泉，也是你好运气的开始，虽然只有短短的一瞬，却给人留下永恒的回忆。

Preface 前言

自从美国励志大师皮克·菲尔提出“气场”这一概念后，在全世界掀起了一场关于气场学说的风潮。气场也已成为全世界通行的成功法则，这些成功人士不管身处哪个国家，说着什么样的语言；不管是在商界，还是在其他行业领域，他们一定是气场强大的人。

每个人的气场都是独一无二的。气场是一个十分神奇的东西，当一个人阳光快乐、积极向上时，他的气场同样也是积极的、正向的；当一个人举止不雅、行为散漫时，那么他的气场也会是消极的、弱小的。可见，一个人的形象与气质在一定程度上影响着一个人的气场，一个人要想改变、提升、掌控自己的气场，就要深入认识一个和气场密不可分的概念——礼仪。可以毫不夸张地说，礼仪是气场的一个重要决定因素，一个人的大气场一刻也离不开个人的礼仪。

礼仪是人际交往中最重要的行为规范，是一个人内在修养和素质的外在表现。一些人之所以没有成功，或许部分原因就是这些人不懂礼仪、不讲礼仪，从而影响了他们的个人形象、人际关系乃至事业发展。事实上，形象本身就是礼仪，形象的内容丰富而宽广，除了体现在外表、长相、发型、服饰外，还体现在言谈举止、生活品位、修养学识，等等。要想有一个成功的形象，就离不开礼仪的塑造。通过对眼神、姿态、穿着、一颦一笑、一举一动的训练，让你浑身都散发出一个成功者的魅力，让你的气场更强大，从而让事业一帆风顺！可以说，礼仪是气场强弱的重要决定因素，小礼仪可以成就大气场。

礼仪离我们很近，也很容易做到。它可以是对陌生人一个善意的微笑，可以是公交车上的一次让座，也可以是获得帮助之后的一声“谢谢”，还可以是一次宽容、一次谅解……这些随手可做的小事就是礼仪，一些微不足道的暖意就能美化自身、美化生活，促进人们友好交往，净化社会风气。这些小礼仪就是气质之源，就是成功人生大气场之源。

如果说人生气场是树，那么不起眼的小礼仪就是那深扎地底的根须。想让你的气场强大起来，就应从细节与小礼仪做起！

《小礼仪 大气场》一书从生活小礼仪出发，以丰富的实例、生动的语言，从塑造自我外在形象、言谈举止、职场礼仪、商务礼仪和国际礼仪等多个方面，详细地阐述了小礼仪塑造大气场的方法和途径。

contents # 目 录

第一章 •••
小礼仪成就大气场

第二章 •••
树立良好外在形象，提升气场威慑力

第三章 ··· 举手投足，尽显不凡气度

第四章 ··· 小品格，折射大气场

第五章 • • •
朋友圈小秘密：不知礼则失礼，失礼则无人理

第六章 • • •
说话小礼仪：一开口就让人喜欢你

第七章　•••
职场小礼仪：职场顺，气场顺

第八章　•••
商务宴会小礼仪，洽谈更顺利

第九章 •••
涉外礼仪展现国际风范

第一章 小礼仪成就大气场

Chapter 1

傲慢无礼的人，即使再成功，也难以得到大家的尊重；而注重礼仪，温文尔雅，懂得尊重他人的人才能成就大气场，得到大家的拥戴。

重视日常小礼仪，让气场随之而来

气场是一种无形的力量，是一种由内而外散发出来的精神能量，它能折射一个人整体的身心状态。气场时时刻刻都在影响着我们，正向的、积极的气场能给予我们一种神奇的力量，甚至可以改变我们的命运。

一天，一位独居的女士听到敲门声后打开门，发现一名陌生男子拿着把菜刀恶狠狠地瞪着自己。稍事冷静，她没有退让和慌乱，而是灵机一动，微笑着说："朋友，你是要卖这把菜刀吗？这刀的样式挺别致的，我倒是真想买一把。"说着她将男人让进屋，并给他倒了杯茶，说道："你长得真像我过去认识的一位好心的邻居，见到你非常高兴。你的刀多少钱？"这个男子对此大感意外，他支支吾吾地说不出来一个准确的价格。女士拿出一百块钱，远远超出刀的价钱，买下了那把明晃晃的菜刀。男子迟疑了一下，拿着钱走了，出门转身离去的时候，他真诚地说："夫人，你的做法将改变我的一生！"

在这则故事中，女主人在紧急状态之下，用她的冷静、智慧解救了自己，也拯救了那个入室抢劫犯。这种个人魅力深深感染了那个入室抢劫犯，她用一种强大的气场改变了自己的境遇，同时也影响和改变了另外一个人的命运。

气场，就像一个磁场，可以吸引他人靠近，可以改变一个人的内心。气场这个巨大磁场的形成源于你的成长环境、学识背景、个人形象等，当然，最重要的，还是你的素质，你的礼仪。如果一个人经常保持受人欢迎的礼仪，那么他的气场也就会随之而来。

也许有人会说，有礼貌、懂礼仪的人不一定能形成受人欢迎的气场，因为这些是可以经过训练和刻意的表现就能做到的。实际上，礼仪不是一时的刻意模仿或短期训练，而是长期的坚持和积累，是长期坚持后的发自内心的自然流露，是个人素质和教养的体现，也是一个人气场的表现。因此，我们要想让自己拥有强大的气场，在人际交往中处于优势，就要注重日常生活中那些极易被人忽视的小礼仪。

1.交换名片也是在传递气场

一天，一个职场人士经朋友介绍去参加一场宴会。大家现场互相交换名片，可是名片太多了，没多久，他的名片夹已经满了，只好先把名片顺手放在了裤兜里，想着腾出手来方便接其他人的名片。可是，他丝毫没有注意到，就在他往裤兜装名片时，朋友的脸立刻阴沉了下来。

交换名片，是一种简单的行为，但是代表的意义非凡。可以说，交换名片时，也是在传递你的气场，能不能给人留下好印象，将很有可能成为你日后成功与否的决定性因素。

2.记住他人姓名并得体地称呼他

一般人对自己的姓名都很重视。把一个人的姓名记住，并很自然地叫出口，对方会觉得你很重视他、尊重他，而你也很容易因此而获得对方的好感。

当然，喊别人的名字也是一门学问，要懂得语言和地域差别，要懂得分寸和对方的特点，如对不熟悉的异性不要称呼得过于亲昵。

3.拿捏好最佳的社交距离

与人交往，要拿捏好最佳的交往距离，无论是陌生人，还是亲密的家人、朋友，靠得太近会给人留下一种不舒服的感觉，尤其是陌生人，更会引起对方的反感与不快，离得太远，又会让彼此之间增添了一分生疏。

气场强的人，能对别人产生一种震慑力，气场是一种源自内心的力量，表现于外在，体现在礼仪上。你尊重他人，他人也会尊重你，进而愿意靠近你，这就是礼仪给你带来的气场魅力。

彬彬有礼，让你收获意外惊喜

在为人处世、接人待物上，有礼貌的人秉持“礼”性所表现出来的风范，足以向大家展示出自己的气场。好的礼仪如春风化雨，能提高一个人的交际水平。美国成功学的奠基人奥里森·马登说：“如果你的社会关系是一台机器，那么，彬彬有礼的态度就是那台机器中的润滑剂。”

常言道，礼多人不怪。《诗经》说：“谦谦君子，赐我百朋。文质彬彬，谓之君子。”当代社会，人们都将一个人是否彬彬有礼作为其社会地位和受教育程度的检验标准，也成为衡量一个现代人基本素养的客观依据。例如欧美的脱帽、拥抱，中国古代的作揖就是人们最基本的见面礼。在现代社会，人们行握手礼，即见面时，双方往往先打招呼，然后相互握手致意。关系亲密的朋友，可以伸出双手久握和用力握。关系一般的人，可伸出手一握即止，这就是“礼”。

天后王菲是男人心中的女神，是女人眼中的女王，她那迷倒众生的歌喉、特立独行的个性、震慑人心的气场，创造了一个又一个传奇。王菲是酷的、高傲的。然而，王菲却没有不可一世，她有女王的强势霸气，也有女王的知书达礼。出席活动时，王菲虽然话语不多，但礼数周全，真诚友好地与歌迷交流；组建慈善基金会时，王菲不遗余力、坦诚以待。

王菲这种不失礼貌的做法和恰到好处的强势，形成了自己独特的气场，并征服了一批又一批歌迷。

不错，一个气场能量强大的人，一定也是有礼貌的人。即便一个人美若天仙抑或帅气十足，但却蛮横霸道、毫无修养，这样的人也不会受到别人的喜欢和尊敬，他的气场也不会十分强大。要做一个真正的气场之王，不仅要强势，还要注重礼仪，尊重他人。

那么，如何让自己变得彬彬有礼，从而为自己的社交打开局面呢?这里建议你从以下几个方面入手。

1.点头

点头，通常用于迎送的场合，这是一种与别人打招呼的礼貌，尤其在人多的时候，用点头就可以同时向多人表示致意。

2.招手

当对方向自己走来、或相距较远、或眼神相撞、或因条件限制而无法停下与对方交谈时，一个简单的招手动作就能表达自己的礼貌，这也是与别人打招呼的礼貌举止。

3.起立

这是位低者向位高者表示敬意的礼貌举止。在平时，当坐着的男士看到站着的女士，或坐着的小辈看到长者，或目送他们离开时，都可以用短暂的站立表示自己的敬意。

4.欠身

向对方致敬，还可以用欠身或弯腰来表示。欠身与鞠躬表意相同，在动作幅度上不同，鞠躬要低头，而欠身或弯腰仅仅是身体稍向前倾，但不一定低头，两眼也仍可直视对方。这是向别人自谦的一种礼貌举止。

5.鼓掌

通常情况下，鼓掌表示对他人的赞许、恭喜与祝贺。当你听完他人的演讲，看完他人表演，或是演出进行到精彩之处时，都要用鼓掌表示自己的赞赏、钦佩或祝愿。

6.拥抱

拥抱一般用于关系比较亲密的双方，也用于外事及迎来送往的特殊场合。有时候，还用来消除误会，一个拥抱便能表达一些难以用语言表达的复杂情感。但在我国，异性之间慎用，除非你们关系很好。

除此之外，用以表达彬彬有礼的细微动作还有很多，需要我们在生活和工作中用心体会及运用。这些小礼仪是我们任何人都能轻易做到的，只要处处留心，其包含的各种思想感情就会融入别人的心田，并且感染他人，不仅使你成为一个有礼貌的人，还能提升你的气场，懂礼貌更能够使你在人际交往中如鱼得水，游刃有余。

在“敬人”之中强大你的气场

礼仪是一种交际语言。“礼者，敬人也”，意思是：礼仪，是用来尊敬他人的，而其实质，简单来说就一个字：敬！敬人敬己，敬己敬人！尊敬他人是礼仪的情感基础，人与人只有彼此尊重，才能保持愉快和谐的人际关系。而敬人让人无形中感受到你强大的气场，对你印象深刻，并且乐意与你交往！

下面这段美国科学家富兰克林的轶事，就充分说明了这个问题。

有一天，富兰克林和一位男同事一起走出实验室。两人从科学院楼梯走到大厅后，见前面一位步履匆匆的女士不小心跌了一跤。见此情形，富兰克林的同事想要走上前去搀扶，却被富兰克林拉住了，并躲在大厅的角落里。那位摔倒的女士见四周无人，便迅速从地上爬起来，抖了抖身上的尘土，快步走出了大厅。那位女士走远后，富兰克林才拉着他的同事走了出来。他对富兰克林的做法十分不解，略带埋怨的口气对他说道：“你怎么这么没有同情心？向一个摔倒的人伸出援助之手，任何一个有同情心的人都会这么做。难道你和那女士有什么过节吗？”

“我和她之间没有任何过节。你可曾想过，谁愿意被别人看到自己狼狈不堪的样子？我之所以将你拉到大厅的角落里，是让那位女士相信，没人看到她的惨状，这样她才能够从容地走开。这是一种理解，也是对她的一种尊重。”

听完这番话，同事才恍然大悟，连连称赞富兰克林是个懂得尊重别人的人。不久之后，那位摔倒的女士知道了这件事情，为此深受感动，便找到富兰克林：“很感谢您对我的尊重，我很愿意与您做朋友。”从此，两人成为无所不谈的好朋友，并共同攻克了一些科学难题。

一个人可以做到敬己则不卑；敬人则不亢。一个懂得尊重他人的人，不但气场是强大的，同时是令人敬重的和愿意与之交往的！

学者季羡林先生待人有礼是出了名的。他见人必打招呼，对德高望重的前辈必会鞠躬，而对学生也是笑容可掬，说话亲切和气。季先生善书法，时常有人请他赐墨。无论是朋友，还是同事，或只是他的一个敬仰者，到他家或办公室请他写字，他都会很谦虚地请对方坐下来，对方若不坐，他会陪同性地站着等待对方入坐。无论谁与他相交，都会觉得他彬彬有礼，所以他的人缘非常好，气场非常大。

礼体现了一个人素质的高低，也是尊重他人、尊重自己的表现。没有人会对真诚的礼貌表示反感，只会对无礼表示讨厌。

人人都希望得到他人的认可和尊重。一个人只有受到别人的认可和尊重，才能进一步肯定自己生命的意义。而尊重他人，并不是简单地说出各类问候语，而是发自内心地尊重周围的朋友、家人。每个人都有着天然的气场，当这种气场中融入敬人之心，便会让人敬爱、亲近。尊重、体谅等礼节绝不是规章条文，也绝不是口是心非的问候，而是发自内心的真诚行为。不诚恳的礼者，往往会令人生厌。

中国历来是礼仪之邦，中国人从古至今都很敬重礼仪。与别人相处，礼仪是连接友谊的“纽带”。一个人是否值得交往，是否真诚与善良，这都能从其礼仪中显现出来。所以说，得体的礼仪，恰当的态度是赢得别人信赖的条件之一，也是吸引他人的力之源。

用微笑与真诚提升气场

微笑是社会活动交往中最富有吸引力、最有价值的“礼貌之语”。微笑不仅是人际交往的重要桥梁，能大大缩短人与人之间的心理距离，还有助于美化个人形象，更容易获得公众认可，得到积极的评价。假如你渴望获得对方的欣赏，那么就请真诚地微笑。

情绪是源自每个人内心最真实的写照，无论喜或悲，都会迅速传染给你的交往对象。因此，气场强大的人最需要长期修炼的就是微笑。卡耐基说过：“微笑是一切魅力的源泉，也是你好运气的开始，虽然只有短短的一瞬，却给人留下永恒的回忆。”

一位公司老板坐飞机到外地出差，飞机起飞前，老板感觉肚子有点不舒服，于是便对空姐说给他倒杯水吃药。空姐听后，非常友好地笑了笑，十分有礼貌地说：“先生，为了您的安全，请稍等片刻，等飞机进入平稳飞行状态后，我马上给您送过来，好吗？”

十多分钟过去了，可是那位老板要的那杯水却迟迟没有送来，老板有些生气，于是按响了乘客服务铃。不一会儿，空姐端着水进入客舱，来到这位老板面前，十分小心地把水递过来，面带微笑说：“先生，非常抱歉，由于我工作的疏忽，延误了您吃药的时间，请您原谅我给您带来的麻烦。”老板显然已经非常生气，他指着自己的手表说：“你看看，现在都过去多长时间了，要是给我的身体造成影响，你们能负得起责任吗？”空姐依旧保持着微笑，说道：“先生，实在对不起，由于刚才正在忙其他事情，所以延误了给您送水的时间，听到铃声我就赶快给您送过来了……”不管空姐怎么解释，这位老板还不肯原谅空姐工作的疏忽。

在接下来的飞行途中，这位空姐每次给乘客服务，只要从这位老板的面前走过，她总是面带微笑十分有礼貌地询问他是否需要服务。然而，老板一时怒气难消，每次都对她不予理睬。

飞机即将降落，空姐又一次来到老板面前。她面带微笑、态度和蔼地问老板是否需要帮助，老板没有理她，而是叫空姐把乘客留言册送过来。空姐知道，对方这是要投诉自己，虽然她心中感到很难过，但她仍然微笑着对老板说：“先生，对不起，请您允许我再一次向您表示真诚的歉意，不管您提出什么意见，我都会欣然地接受！”老板看着她，没有说话，只是打开留言册开始写起来。

当飞机顺利地降落在机场后。空姐忐忑不安地打开留言册，她怎么也没想到那并不是什么投诉信，而是一封热情洋溢的表扬信。

那位老板在信中这样写道：“你热情的服务方式和你表现出来的真诚歉意，特别是你一次次真挚的微笑，深深地感动了我，让我放弃了投诉的想法。你们的服务非常好，相信以后我还会再乘坐你这次航班。”

空姐用温暖的笑容表达了自己的歉意，同时也用一种无声的语言展示了自己对客人的礼貌，把正能量气场传递给对方。温暖的笑容，可以让对方倍感愉快。真正的微笑总是发自内心并且充满了情感的。只有表里如一、毫无包装或矫饰的微笑才有感染力。这就是微笑的力量，这就是礼仪的作用。

如果我们都能微笑着面对每一个人、每一件事，微笑着面对成败荣辱，用微笑面对一切，用真诚的微笑感悟美好的生活，那么我们将无比快乐和幸福。

嘴角一扬，就能勾勒一条美丽的弧线，创造一个好心情，这是多么简单的事情！西方有这样一句谚语："女人出门若忘了化妆，最好的补救方法便是亮出你的微笑。"这充分说明了微笑对人际交往所产生的巨大影响。微笑可以告诉他人你心底坦荡、善良友好、待人真心实意，而非虚情假意，可以使你在与人交往中自然放松，让对方倍感愉快和温暖。

微笑是令人愉快的，是表达恭敬、谦虚的反应，微笑代表礼貌、友善、亲切和关怀，是打开心门的最好钥匙。如果你能够一直保持微笑，就能给人一种有礼貌、有涵养、待人至诚的良好印象，拉近彼此间的距离。毫无包装或矫饰的微笑才有感染力，才能感染他人。在日常沟通中，微笑就像润滑剂一样，可以神奇地打消对方对你的陌生感和警惕心，从而提升自己的气场魅力。

汇聚气场，不忽视每一个细节

礼仪往往体现在细微之处。无论在生活中，还是在工作中，若是能注意到小小的细节，便能展现出一个人不俗的礼仪修养。在这个世界上，每一件事情都值得认真去做，不论是大事还是小事，完成它的过程就是运用和提升气场的过程。气场是大是小，就看对待事情的态度是怎样的。对工作如果能做到全力以赴、尽职尽责，就算做的是小事情，别人也能从你身上感受到强大气场的力量，这也会创造出更大的发展空间。

一幢雄伟的高楼大厦是由一砖一瓦逐步建起来的，那些伟大的事业都是由平凡的工作汇聚起来的。同样道理，气场也是由一举一动，从做事的态度中发挥出来的。因此，要在职场中表现得更优秀，更有前途，那就应该学会去重视每一项工作，注重实际行动。

虽然有很多人都渴望证实自己的优秀，但只是让计划停留在梦想阶段，而不是从简单的工作做起，因此就失去了很多展示自己价值和走向成功的契机。

一位年轻的姑娘进了一家修道院，从事织挂毯的工作。一段时间以后，她失去了耐心。

她在一位老前辈面前感叹道："给我的指示真是有点摸不着头脑，因为我一直在用鲜黄色的丝线进行编织，可是中途却突然要我打结、把线剪断，这种事根本就没有意义，简直就是在浪费我的生命。"

"孩子，你错了。你的生命并没有浪费，虽然你所完成的这份工作在你看来微不足道，可它却是非常重要的一部分。"那位老前辈对她说，"一旦缺少了那部分，整体工作就立刻变得不完整了，离开了那部分，整体就不存在了。"

说完，那位老前辈便带着她来到了摊开的挂毯面前，结果，年轻的修女看见眼前的景象后呆住了。

原来，她正在编织的是一幅非常美丽的《三王来朝图》，她用黄线编织的那一部分正是圣婴头上的光环。她事先根本没想到，这些看似没有意义的工作原来如此神圣。

这个故事告诉我们，其实没有一项工作是无意义的。究竟能不能将事情做好，那就看你对待事情的态度了。

认真对待生活、工作中的每一件事，礼仪本身就体现在日常生活和工作中。凡事不忽略小细节，将那些不起眼的、简单的日常工作做精细、做专业，而且能持久地坚持下去，便能汇聚强大的气场，让自己走向卓越。

学习礼仪、运用礼仪提升气场

一个人的气场强弱并非天生如此，而是经过后天培养出来的。后天的环境和成长中的不同境遇，会决定你拥有什么样的气场。当我们都是孩子时，几乎所有人都是一样的，充满童真和幻想；但是10年、20年之后，我们就会有天壤之别。因此，我们要抓住一切机会来修炼自己的气场。而修炼气场的秘诀就是：提升自己的礼仪。

气场绝不是一两天之内就可以改变的，它需要几个月甚至更长时间的修炼。尝试提升自己气场的过程，就是一次锻炼自我的过程，哪怕没有收获太多，整个人的气质也会有所不同。

在这个过程中，要充满自信，相信自身的气场可以通过后天的持续修炼而变得强大起来。这一点非常关键，如果连你自己对此都半信半疑，那么结果一定是一无所获。因为在气场的修习过程中，积极的自我暗示将起到非常重要的作用（这在后面的章节还会进行详细的论述）。所以，你要告诉自己，修炼气场并不难，只要有足够的信心以及坚持不懈的毅力。

有了坚持和自信，就要学习礼仪、运用礼仪提升自己的气场了，那么如何用礼仪提升气场呢？具体内容如下。

1.外貌——充满自信地爱自己

一个人的长相或美或丑，虽说对生活没有很大的影响，但是也不应该忽视容貌对气场的影响。这里不是要大家过分在意自己的容貌，而是“热爱自己的样子”，把它当成上天赐予的一份礼物。如果不能坦诚地接受，又怎能自信呢？所以，要从心底喜欢与众不同的自己，进而能让气场变得强大！自信之人最美！

2.外表——让脸庞洋溢着微笑

外表不同于外貌，外貌是指人的体貌特征，而外表体现着审美取向和水平。女人要白一些、瘦一些、柔一些，这是现代社会流行的审美标准。对于这些标准你要替自己做决定，结合自身特点打造最佳形象，这是独属于你的外表。无论如何，微笑是适用于任何人的装饰品。当不知道如何完善自己外表的时候，那就先让脸庞洋溢着微笑吧。

3.外向——积极主动地为你的目标而行动

这里说的外向是主动积极的态度，放弃坐等成功的懒惰，主动出击，寻找目标，并为此付出努力。很多时候，生活是需要冒险的，原有的道路已经有很多人走，想另辟蹊径就需要勇气、

需要探索。你要对新鲜事物、成功有很强烈的渴望，而不是随波逐流、做一天和尚撞一天钟。当你能如此积极地去追求成功，身边的人就会被你的气场所感染、带动，主动为你提供帮助。气场就是这样强大，它会让别人为你的目标而行动。

4.外交——影响和改变他人

外交并不仅限于政治，人与人交往，并不是让我们“看人下菜碟”，而是要改掉“我想说什么就说什么，你想听什么跟我没关系”的沟通习惯。我们表达的最终目的是要让对方明白、接受，甚至信服，所以必须善于观察和总结与不同人沟通的不同方式。一个个性安静的人肯定受不了别人的滔滔不绝，而一个暴躁易怒的人肯定更喜欢别人在语气中表现得更为“顺从”与温和。掌握这些技巧，便可让我们的气场变得更加强大，从而影响甚至改变别人。

不管怎样都要牢记，气场是可以改变的，并且很大程度上与意志力相关。就像一个人需要思想与灵魂，宇宙也需要最核心的动力。否则一切运动就会停滞。在修炼气场的过程中，需要永远保持强大的意志，无论做什么事，都要督促自己谨慎和坚持。这将贯穿你的人生旅途，并且不能有一天松懈，除非你想放弃自己的目标。

第二章
树立良好外在形象，提升气场威慑力

Chapter 2

一个人的气场虽然是看不见的，但这种力量却是巨大的，就像隐藏在你身边的强大磁场一样。每个人身上的这种气场，都无时无刻不在影响着他的人生。

第一眼，就让人心动

一个人的仪表是最先被对方所感知的。因为仪表是彼此交往中最引人注意的部分，别人要获悉你是怎样一个人，最先注意的就是你的仪表，而我们想要留给对方美好的印象，也先要从仪表开始，第一眼，就让人心动。保持好的仪表不仅让自己心情愉悦，而且是一种基本的礼貌。一个人若是衣冠整洁、合体入时、表情自然，便会给人一种做事细心、有条理的感觉，可能还会联想到这个人一定有责任心，会有各种各样的能力，不知不觉就被其外表散发出来的气场所吸引。

倘若一个人给你的最初印象是衣冠不整，还骂骂咧咧，你必然会作出其缺乏道德观念的结论，甚至还会联想到此人的其他缺点，往往会对他避而远之。

心理学家雪莱在莫萨立斯特大学挑选了68个志愿者参加试验，这些应试者的外貌、口才及其对事物的理解判断能力的差异不显著，但仪表、风度却迥异。试验要求这68个人分别征求四位素不相识的过路人的意见，以期得到他们的支持。

结果，风度翩翩者较之仪态平平的人，更容易得到陌生人的青睐，并给人留下好的印象。

所以，在开始交友、求职等各种攻势之前，请先花些时间审视一下自己。穿着打扮、举止是不是能被大众所接受？不管多热情和健谈，不管多懂得社交技巧，如果打扮过于考验大众的接受力，恐怕从一开始，你就会给人一种“不好接触，不容易相处”的感觉，不利于你的社交活动。所以，请花些时间来审视并修整仪表。

仪态端庄、举止文明是令人产生良好印象的基础。仪表举止非常直观，只要往对方面前一站、一开口，对方就会在头脑中产生一些反应，如站在面前的你属何种性格，修养怎样，有无必要与你交谈下去等。但是，重视仪容、仪表，不能被理解为追求时髦。例如，某工科大学一位机械制造专业的男同学，披着一头长发，小手指的指甲留得较长，中指上戴一枚金戒指，他去某机械集团应聘，该企业人事部的经理一见这位男同学的打扮，便婉言谢绝了。

不同的人，气场是不一样的。一个谈吐文雅、举止得体的人，和一个口无遮拦、精神萎靡的人散发的气场迥然不同，给人留下的印象也天差地别。气场大的人能在第一时间吸引对方注意，得到对方的关注。

我们初次见面时给人留下的印象，会在对方的头脑中占据着主导地位。这种印象深刻，持续时间长，比以后得到的信息对事物整个印象产生的作用更强。

苏菲来大学报到，进宿舍首先见到的就是小江。那时候，小江自己在铺床，很是细心认真。苏菲觉得有些惭愧，自己的床铺还是妈妈帮着铺的。小江熟练铺床的身影给苏菲留下了深刻的印象。

小江也很受老师的喜爱，并在课后时间常常去找老师谈心、聊天，老师对这个礼貌又热情开朗的女孩颇有好感。

后来，小江的一些缺点也暴露出来了。小江这个人比较爱睡懒觉，闹铃都没用。苏菲每天早上起来都喊小江三次。并且在课常上还常常两手托腮地打盹。

即便如此，老师、同学对小江的印象仍然不错。苏菲觉得有些不公平，自己努力学习做事，倒不如小江受欢迎，心中很不是滋味。

在努力勤奋的苏菲眼中，爱睡懒觉的小江貌似有点不靠谱。但在老师同学的眼中，小江却比苏菲更受欢迎。归根结底，还是因为小江给大家留下的第一印象比较好，即使后来，她在课堂上的表现不如人意，第一印象的气场效应仍然深深地主导着老师和同学对她的判断。第一印象对一个人的认识有很大的主导作用，一旦形成就不易改变。小江恰恰是第一印象的受益者。

在我们一生中会遇到很多第一次：第一次求职面试，第一次拜见爱人父母，第一次求人办事，这些第一次都很重要。你的气场能不能以第一次的印象为舞台，在第一时间释放出来吸引他人，直接影响着事情的最终结果。所

以，在现实生活中，我们应该在“慎初”上下功夫，力争给对方留下好的第一印象。那么，如何才能给他人留下良好的第一印象呢？

第一印象在社交生活中非常重要。通常，谈吐、相貌、服饰、举止和神态都属于第一印象。

假如与人初次见面，你就不言不语，反应迟钝，对方就会认为你呆板，不热情，即使你还有很多优点，对方也未必愿意再继续深入了解你。如果一见面，你就表现得幽默风趣，直率热情，对方往往就会被你吸引，对你印象深刻，即使你有一些缺点，对方也会用自己最初捕捉的印象来评价你，并会忽略你的某些缺点。

气场是全身上下散发出的，不是用嘴说出来的。提升气场的方法也很多，平时可以多看看书，练练书法，或培养一些其他优雅的爱好，多参加社交活动。这些都是增加气场能量，并能吸引别人的不二法门。

一个人的仪表不但可以体现其文化修养，也可以反映他的审美趣味。穿着得体、举止得当，不仅能赢得他人的信赖，给人留下良好的印象，还有利于维护良好的人际关系，搭建人脉。相反，穿着不当，举止不雅，是对他人，对自己都不礼貌的行为，往往会降低身份，损害形象。由此可见，仪表是一门艺术，它既要讲究协调、色彩，也要注意场合、身份；同时，它又是一种文明礼貌的体现，一种气场的体现。

妆容上的“小心机”，气场上的大改变

化妆自古以来就是一种礼仪，淡雅的妆容不仅使自己身心愉悦，充满自信，体现自己的生活态度与生活品位，而且是对他人最基本的礼貌和尊重。

许多模特、明星都喜欢街拍。在平常人看来，街拍中的明星们虽然没有穿什么华贵礼服，但是那自然的妆容就很有气场。其实，明星并不是什么特殊人类，他们有的人可能容貌、身材还不及一些普通人。关键在于普通人能否练就出明星的气场来。

女人被称作有气质，那是很值得骄傲的事情。所以为了有气场，许多女人都在苦心琢磨，有的去整容，有的去追求时尚。但是，这些都不如自然生活中的简单点缀来得有效。就像大明星们玩街拍一样，即使没有聚光灯，也能拿出明星的范儿来。

因此，平常女孩也可以通过简单的妆容去营造自己的气场。

职业妆容有许多需要注意的地方，因为职场不是秀场，不能过分涂抹，但是不做修饰，也是对他人的不尊重，还会影响公司的形象。所以职场女性要谨记一些职场妆容的禁忌和要求。

1.职场妆容的禁忌

（1）忌浓妆艳抹

职场化妆要淡，要清雅，所以不能用颜色过浓的化妆品。清新自然的妆容最好，而眼妆和唇妆都最好选暖色系，这样当你微笑的时候也可以传递出一份亲和力，让人心生温暖。

（2）忌素面朝天

有些人觉得天然才是好的，于是就素面朝天。如果真的是出水芙蓉、天生丽质倒还好，但如果面容有不足的地方，那么不如化化妆，让气色看起来更健康。

（3）忌求新乱变

很多女士为了追求美丽，便开始盲目时尚，动不动就改变形象。不管是赶时髦，还是想突破自己，都要谨慎而为。职场妆容有一定的标准，把自己弄得七十二变，容易让人产生不踏实、绣花枕头一包草的感觉。

（4）忌发色鲜艳

发色一定不要过于鲜艳，东方人不适合浅色或亮色的发色，不要盲目追求新奇。至于发型，则要清爽、简洁。

2.职业妆容的要求

（1）面试妆

面试的妆容很重要，这会给老板和同事们留下良好的第一印象，所以一定要精心准备。看过电影《穿 PRADA 的女魔头》的人都知道，安妮·海瑟薇饰演的小助理穿着套装大毛衣，不修边幅地去面试，结果被时尚杂志的工作人员狠狠地耻笑了一番。但是，她很快就懂得转型，改换了清秀伶俐的妆容。

妆容支招：灵气大眼 + 极淡腮红 + 自然眉形

如果想要给人很有灵气的感觉，眼睛当然不能忽略。眼睛是心灵的窗户，要竭尽全力地去修饰，但是不能留有太多的痕迹。要打造眼睛的深邃感，最聪明的做法是画好眼线，眼线要明显，但不能太宽。要记得刷下睫毛，这样能适当放大眼型。在眼影的选择上，色系可以搭配自己当天的服装，不过要记住一条不变的准则，一定要选颜色较深的眼影，如深咖啡、深绿，小范围刷在眼褶，轻轻晕开。

淡淡的腮红让人看起来自然而健康，其实在任何场合，健康的好气色对建立良好的第一印象有很大的帮助，而且不会显得作假。许多人并不懂得使用腮红，如果不能把握，那就选择最不会出错的淡粉红，这是健康腮红的最佳选择。腮红的面积千万不要过大，否则会显得突兀，应以颧骨下方为起点斜着轻刷，最好看不出腮红范围，还显得气色很不错。

眉毛也是妆容的一部分，不能忽略。有关调查表明，在给别人形成第一印象时，眉毛所产生的影响要比你想象中的更大。虽然现在流行自然眉，但过浓的眉毛让人觉得太过生硬，不容易亲近，而细眉则有肤浅的感觉，所以还是要略微修整眉形，眉心要疏朗，眉毛看起来会很舒服。

（2）办公室妆

坐办公室的女人每天都要和一群人打交道，但是八个小时的工作往往使人筋疲力尽，容易产生疲惫神色。这样一来，如果妆容不够好，就会影响个人的起色，那么，如何在长时间的工作后还能保持光鲜的面容呢？

妆容支招：水润底妆 + 粉嫩腮红 + 清新唇色

底妆选择水润的粉底液，打造出透明轻薄的妆感，这样会让皮肤得到足够的呼吸空间，人也会显得很精神。而且这种底妆也具有更高的持久度，不至于在空调房里坐一会儿就美貌尽失。粉嫩的腮红显得年轻有活力，即使劳累一天，也能看上去精神奕奕。

（3）见客户、领导妆

很多职业女性要面对许多客户，参加公司会议，应付领导，对妆容的要求就更高了。尤其对于那些已经在职场打拼多年的成熟女性，迅速打造出干练的妆容，可以给自己鼓劲，加强客户、老板对你的信任。

妆容支招：提亮眼神 + 质感嘴唇 + 成熟发型

在和人交流、表达自己意见时，眼神的任务有时候比话语更重要，因此提亮眼神是妆容的重点。如果将眼线的宽度稍微加宽，画上下眼线，可以让眼睛的形状更清晰，让眼神更为犀利。眼影最好不要用鲜亮色，否则宁可一点眼影也不化，以免给人留下不成熟不可靠的印象。

选择正色的唇膏，小女孩用的透明唇膏已经不适合此时的身份了。另外，薄嘴唇是刻薄的象征，给人的感觉不好，所以要打造立体丰满的嘴唇，这样面见客户或向领导汇报工作时，可以增加印象分。

卷烫的发型更容易打造成熟女性的魅力，所以要精心装饰，做好保养，让自己看起来干净而充满知性美。

要想在人群中脱颖而出，吸引众人的目光，那就在妆容上玩些小心机，“妆”扮出独属于你的气场，吸引他人纷纷靠近吧！

穿好衣服，为气场造势

在人际交往中，穿着服装应当遵循一定的礼仪规则，什么样的场合穿什么样的衣服，着装是随着时间场合的变化而变化的。参加晚宴，穿一身平常随意的运动装，参加运动会，反而穿得花枝招展，这是不合乎礼节的。

就作用来讲，衣服不仅是穿在身上遮羞蔽体的，而且是美化我们外在、透露我们内心世界的一个渠道。借助衣服，我们的气场才能得到更好的显现，而不是用衣服把气场遮盖住。

对于女孩子来说，身材可以有美中不足的地方，但是衣服一定要“完美”。所谓“完美”，就是从款式到颜色都要适合自己。

有个女孩，身材很不错，个子高高，皮肤白皙，腰细腿长，但是从没有人夸她身材好。只有宿舍里的姐妹见到她穿睡衣的样子，才惊呼她的好身材。原来，这个女孩不懂得穿衣之道，衣服的颜色要么是带点紫的红色，要么是带点咖啡的绿色，还有就是带点褐的黄色，都偏向灰暗的色调，遮蔽了她白皙的肤色，看上去一团模糊。而且她对衣服样式也不挑剔，宽松舒适的就穿，结果总是肥肥大大的，把好身材都遮住了。

当她被一团模糊颜色的宽大衣服裹住的时候，也看不出人的神采来了，总是吸引不了人们的目光。后来，她经室友提醒，改成了清亮颜色的衣服，而且选择了适合自己的样式，于是顿然从头到脚清爽了很多，气质马上不一样。

每个人的肤色不同，适合的颜色也不同，所以要根据自己的特点去挑选衣服。当然，也有一种人，不管穿什么颜色的衣服都很有感觉，那是因为人家内在的气场太强大，可以镇得住任何颜色。而对于刚刚开始打造气场的人来说，还是要小心谨慎，一些比较尴尬的颜色如果没有把握能够镇得住，还是不要穿上身。

1.女士穿衣技巧

女孩子穿衣服的颜色绝对不能太暗，那样会显得精神萎靡不振，气场也变得模糊起来。不如穿些亮丽的颜色，哪怕是黑白搭配，也比褐色、咖啡色好多了。当然，也别把自己弄成调色板似的，太花也不好。想穿蓝色就找宝石蓝、湖蓝，别添加粉色；想穿红色就找酒红、正红，紫色加进去就尴尬了；想穿黄色就穿鹅黄，柠檬黄、土黄真的显得很老土……

对于衣服款式，V 领衣服是万能的。它可以露出锁骨，显得脖子修长，留出大片空白，可以搭配围巾、项链等饰品，有充分的发挥空间。V 领显得干净利落，给人更多美感。V 领可以单穿，外面套件开衫风衣之类也非常合适，不管怎么搭配，都容易出范儿。而这种范儿，就是一种气场的显露。

如今很多人喜欢穿长款的衣服，但长款的服饰一定要简洁。那些有花边、有蕾丝的长款衣服不能买，那会让人看上去像堆在一堆布料里。至于一些金属或花团装饰，能免则免，因为长款要的就是从上到下的流畅，一旦干扰了这种流畅，人的气场也会被干扰。精心打扮了半天，还是白费工夫。

适合你的衣服，应该是能够体现出你的线条，让你感到自在，令你愿意穿很多次的衣服。这种衣服能让你自然而然地散发个人魅力，更能提升你的外在美感，从而格外自信。

2.男士穿衣技巧

对于男士来说，西装外套一般比较斯文、端庄，整体设计比较中规中矩，款式经典、简洁，没有夸张的颜色。所以男士多准备西装是没有关系的，如果不知道自己适合什么颜色，或担心有些颜色不适合平时穿，那就多买些黑、白、灰色系的。

两色搭配法是永恒的经典，黑白细格的针织毛背心，两色呼应。里面配上纯白的商务衬衣，再加上一条黑色修身商务西裤，黑白的强烈对比会让人产生干练商务男的印象，对于提升职场气场有很大帮助。单扣修身西装，配上纯白色商务衬衣，强烈的黑白对比，更加突出了套装的档次。同时，用一条黑灰相间的时尚小领

带作为点缀，不会显得呆板、沉闷。

大开领灰色针织衫，或是咖啡色和白色纹路组成的格子衫，是休闲的最佳选择。如果搭配上咖啡色修身布裤，再配上端庄的帮带皮鞋，商务品位中又有些悠闲的情趣，是那些自信十足的商务男士的首选。通过纯白色衬衣来衬托布满细格的薄外套，会显得风度翩翩，也突出了外套的款式风格。如果配上修身黑色西裤和意式尖头皮鞋，商务感觉迎面而来。

日常聚会时，男性需要抛开工作中的烦恼和压力，展示真实的自我和个性，因此，这类衣服既不能太随性也不要过于拘谨。单排扣的风衣是比较合适的选择，可以通过独特的设计元素或板型来突出服装的整体效果。

如果是参加高档的聚会，又要体现个性，那不妨试试两色的时尚衬衫，紫色、粉色，都是大胆的选择，只要压得住颜色，会显得高档而又品位十足。

年轻人可以选择银灰色的衣帽，甚至配上款式简单的背包、牛仔裤、休闲鞋，搭配出青春的活力。

人靠衣裳马靠鞍，这是亘古不变的道理。懂得用外在服饰来修饰自己。穿衣服要做到得体不失礼，才能体现我们的个性，表达我们的思想，展示我们的气场。

用心配饰，撑足你的气场

在人际交往中，配饰是一种无声的语言，展现一个人的知识层面、生活阅历和审美情趣。佩戴饰品一定要遵守一定的礼仪规则，才能发挥出最佳效果。

日常的衣着配饰是很多女性朋友的必备之物，或成熟典雅，或时尚前卫，一款适合自己的配饰总会给生活锦上添花，它从最细节之处彰显不一样的气场。

丝塔毕业于“莱德克利芙学院”，在这里，她学习到了太多的东西。其中一项就是，如何运用饰品为自己增光添彩，如何让饰品为自己的形象服务。在自己首次走向工作岗位、与公司重要成员一起参与某个商务谈判时，她深信，自己的杰出表现与恰当的装饰，都使自己整体加分不少。

有时候，你会很容易忽略饰品的重要性，但是，“服饰”本身指向的就是一个整体：服装与服装、服装与饰品、饰品与饰品三者之间在款式、材质甚至是色泽上的成功搭配，是整体服饰美化成功的基础。

不管男人还是女人，使用恰当的服饰配件可以让气场得到充分的展现。在很多时候，人们往往会通过你所选用的服饰配件——你展示自己的方式会透露出你对细节的关注——来得知你眼下处于哪个社会阶层、你的职业是什么。

有些女士会乐于使用珠宝来装饰自己，但是它往往是最容易被滥用的配件——不管是钻石还是金饰，饰品太多，只会让人感觉你非常俗气，而不是珠光宝气。为了避免这样的情况出现，应该更谨慎地对待饰品。

1.运用饰品选择原则

在正式场合中，饰品的选择也有其原则在其中：

（1）场合原则

在赴宴或者参加舞会时，你可以根据自己的着装，选择一些较大的、较为华丽的饰品，“饰品为个人形象服务”是最基本的原则。

（2）协调原则

你所佩戴的饰品应该与你的服饰相配，一般领口较低的露肩服饰必须佩戴项链，而竖领上装则不应该再配搭项链。此外，饰品的颜色最好与衣服颜色相协调。

（3）庄重原则

有些年轻的女孩习惯于佩戴一些夸张但实际上没有太大价值的工艺饰品，事实上，在商务场合，如果你的职业并不要求你表现出这样的特质，你最好还是选择一些精致的饰品，以显示出自己庄重、高雅的一面。

（4）色彩搭配原则

佩戴饰品时，应该力求其与自己的整体装饰呈现出一致，千万别企图打扮得五彩斑斓——那样只会让你像一棵装饰粗糙的“圣诞树”。

（5）远离廉价原则

在商务活动中，你应该遵循这样的基本原则：永远远离廉价的饰品。那种有脱色、掉钻现象的戒指、领带夹一类的饰品，你现在要统统从自己的抽屉里拿出去、丢掉，它们不仅不能给你带来他人赞赏的眼光，反而让你陷入了更容易被人误解的窘境中。

2.慎重选择耳环与胸针

男士应该永远远离“耳环”：这种个性化的饰品太不适合于正式的商务场合。女士则应该选择那种样式简洁、雅致的耳环，如果你所在的公司有制服的话，那么，你最好不要选择带坠子的耳环。从事商务工作时，一枚恰当的胸针将会为你增色不少。但是，它绝不应该太夺目，否则，便有可能导致人们只注意到了胸针，却忽视了你的存在。

3.利用腰带

腰带对商务人士来说也是细节的重要表现：在穿有腰带圈的衣服时，一定要选择配有腰带的服装。如果你非常不喜欢腰带的话，最好选择无腰带圈的裤子。

选择腰带时要注意：

选择高质量的皮制腰带，那种配有浮夸造型的塑料腰带最好果断扔掉！如果你想使身材看上去更加修长的话，你应该选择与衣服、裙子同色的腰带；若个子高但是腰围过窄的话，最好选择颜色与服装不同的宽腰带。

4.最多只戴一枚戒指

至于手镯、脚链一类的饰品，则应该视你所在公司的格调来决定，因为在某些工作场合，佩戴此类饰品被认为是非常不恰当的举动。不过，关于戒指，我们倒是可以为你提供一条有用的信息：不管是男还是女，商务人员最多每只手只能戴一枚戒指。

5.注意你的皮包、手袋

如果在参加会议、与客户会面时，拎着一只磨损严重、皱巴巴的公文包，那么，不管你穿得有多么整洁，也只能带给人杂乱无章、匆忙无序的感觉。手提包与公文包绝不仅仅是用来装重要文件、手机与钱包的，同时它还装着你的成功、你的职业与个性。

所以，你应格外注意：一定要保持你的包内是整洁而有序的。

在买手提包时，最好参照“经典、永恒”两个要素，这样，你便能够使用它很多年却又不过时。

配饰，于“以小见大”中体现一个人的审美情趣和气质内涵，于细微之处展示一个人的气场。因此，想当一个“气场王者”，绝不能小看了配饰的作用，选对配饰，撑足气场。

利用颜色，完成不呆板的气场变化

服装造型，第一个看整体搭配，第二个就看色彩搭配了。服装的色彩搭配是服装礼仪的重要内容之一。服装色彩搭配得当，为你的整体形象加分，相反，混乱的色彩搭配不仅会破坏你的形象，还会影响你的精神面貌。一位德国的色彩大师说过，没有不好的颜色，只有不好的组合。如果你能够合理搭配不同颜色的衣物，不仅能提高自己的着装品位，还能瞬间提升整个人的气质和气场，为你带来意想不到的效果。

打开爱丽丝的衣柜，你永远只能看到三种颜色：黑色、白色、灰色。爱丽丝期望在工作场合给自己树立起专业的气场形象，而在她看来，这三种颜色是最能够体现成熟感的。

不过，一次与客户会面时的对话，让她开始认为，自己也许应该改变自己的形象了。

那是一位与爱丽丝所在公司合作许久的老客户，因为交流的次数多了，大家的对话也不再仅仅局限于工作。对方坦白地告诉爱丽丝："爱丽丝，你为什么不能换一下颜色呢？不管什么季节，每一次我见到你时，你穿着的都是暗色系——好像有些太显古板了呢！"

爱丽丝细想一下：的确是这样，自从跨入职场以来，自己衣服的颜色便日渐单调了。

爱丽丝经常穿暗色系的衣服，给客户一种比较古板的印象，毫无气场可言，甚至客户都忍不住劝她换一换服装颜色。

如果你已经厌倦了一成不变的穿衣规则，而想大胆地运用颜色的变化来完成自我气场变化的话，那么，你首先要学会了解与运用色彩。从视觉效果上来说，个人气场上的变化往往能够通过着装的颜色变化体现出来，这是因为视觉是所有知觉中最领先、最敏感的：一身色彩和谐、美观的服装，往往能够更准确、更恰当地将你的职业气场表达出来。

研究证实，色彩在商业社会中具有低成本、高附加值的特点。根据调查数据：在设计商品的过程中，在不增加成本的基础上，通过对颜色的改变，可以使产品的附加值在原有基础上增加 10%～25%。

将这一“附加值理论”运用到气场塑造中同样合适，哈佛职业经理培训中心发现，那些能够成功地运用色彩与色彩之间搭配的职业人士，往往能够唤醒人们丰富的感情与想象力：他们身上佩戴、穿着的色彩，会使客户更乐于想象他们背后的真实情感，从而在留给客户强烈的视觉印象以外，最终引发他人的情感共鸣，形成多变、积极的职业形象。

此外，如果你没有时间也没有兴趣在服饰上下功夫，那么穿得保守一些，也不失为一种稳妥的做法。最低限度是不能与自己的身份形成强烈的反差。

1988 年美国总统竞选，在乔治·布什任选之前，呼声较高的是加里·

哈特。他经过了激烈的角逐，一路过关斩将，成为民主党内的领先者。正当他为自己的胜利庆祝之时，新闻记者的一个镜头将他从山顶拉到深谷。一艘高级游轮正在海面上欢快地前行着，船上坐着四个人，其中一个便是哈特。他穿着十分扎眼的红色运动裤，看起来十分得意。上岸后，一位漂亮女郎依偎到哈特怀里。新闻记者用镜头记录下这一幕。

哈特的这一“桃色新闻”一经刊登，瞬间使其身价下跌，舆论界就哈特爱穿“红裤子”大做文章。他们说：“穿着花哨的红裤子的参议员，是否适合坐在白宫？”这一平平淡淡的质问使哈特一败涂地，尴尬地退出了竞选。

竞选的非常时期，哈特穿着红裤子，怀抱美女，显然不符合一个国家领导人的形象，与民众期待的角色大相径庭，民众当然会大失所望，而哈特的人气就会迅速下滑，失去了竞选总统的机会。

你喜欢什么样的穿着风格是一回事，社会环境要求你怎么穿是另一回事，不管你置身于什么地位，都逃不出这个规律。

在日常生活和工作中，着装配色往往要对照你的肤色，选对你的服色。

服装的色彩往往能够影响甚至改变人的肤色在他人眼中的印象——这是哈佛心理学研究所通过研究证实的。因此，在服装配色时，你也需要考虑到自己的肤色，并以此为基底，选择恰当的色彩。

1.白皙皮肤者

拥有此类皮肤色彩的人真是幸运儿——大部分颜色都可以使白皙的肤色变得更加动人。

在众多色彩中，黄色、蓝色是最能突出洁白皮肤的，如果想要让自己的整体变得更明亮的话，柠檬黄、苹果绿、天空蓝一类的明亮色彩也可以尝试一下。

当然，白皙皮肤也有其禁忌色：黑色、纯白的颜色往往会让你的肤色显得更苍白，最好避免整体使用此类颜色。

2.皮肤色调较深者

如果你的皮肤偏黑偏黄，最好不要选择蓝色：它会让你的脸色显得更暗。皮肤偏黑的人更适合茶褐色系、浅色调的服装，枣红色、咖啡色、金黄色等，都会使你看起来更加自然、高雅。

如果说衣饰的品质，说明一个人的身份，那么它的颜色和款式，则在传递着他的个性信息，比如说这个人是时尚的还是保守的，是清高的还是随和的，是严谨的还是开放的等。

没有气场，无论你走到哪儿，都很难引起他人的注意。如果你不能做到最优秀，那就通过得当的服饰色彩搭配做到最引人注目，这就是气场的功效。衣服的“气色”对了，时尚气场就出来了。

挑好鞋子，让你“足”下生辉

漂亮的服饰，要搭配好鞋子，才能“足”下生辉。在社交礼仪中，对于穿梭在职场的都市丽人来说，鞋子穿得是否得体，是别人给你打印象分的重量级标准。

虽然只是一双鞋，却影响着个人的整体形象和气质。一双合适的鞋子，让你的优雅气质无懈可击。特别是对于女人来说，如果你只想舒服穿平底鞋，那你一定穿不出女神的感觉，很多衣服，如果不穿高跟鞋，你永远不会知道这件衣服有多漂亮！一个人要想有强大的气场，同样需要鞋子的衬托。

说到自己对高跟鞋的热爱，米娜有自己的理论。在她的鞋柜里，躺着各式各样、各种颜色、高高低低十几双高跟鞋。在她看来，虽然穿上高跟鞋的确不如平底鞋舒服，但是，它却可以完美地将自己的气场衬托出来。而且米娜发现：在不穿高跟鞋的时候，自己的气场会弱很多。

造成米娜只穿高跟鞋的原因还有一点：连续辗转几家大型企业，她发现那些职位高的女性从来都是穿着高跟鞋出现的，而且在高跟鞋的帮衬下，她们的气场显得尤为强大。米娜就此形成了自己的高跟鞋观：高跟鞋不仅代表女性的自尊，体现女性内在涵养与礼貌修养，更能增加女人的气场。

且不说米娜的个人理论是否成立，但纵观职场，我们的确会发现：

那些位高权重气场强大的女性多半会选择高跟鞋搭配各式服装。在流行美剧《欲望都市》中也曾经有过这样的台词："站在高跟鞋上，我才能看到真正的自己，让脚不舒服的不是高跟鞋的高度，而是欲望。"

一双"好鞋子"不仅能够保护你的脚，让你走起路来舒服又好看，同时更能与你的职业、角色相称，使你搭配出无懈可击的气场。以下几大原则，对于女性"穿对高跟鞋"有着重要的启示意义，当然，其中也有一些礼仪规则对于男性同样有启示作用。

1.以舒适度为优先原则

在长时间的工作中，你会发现，自己非常需要一双舒服的鞋子相伴，只有当你的脚部不再受到不当的压迫、束缚时，100%的自信才会自然而然地散发出来。因此，选购鞋子的最佳时间是下午：脚在下午会出现微微的膨胀，此时所选的鞋穿起来才最舒服。

试穿时，请相信"第一脚"的感觉：舒适、无压迫感的鞋子将会帮助你得到行走的快乐。

2.选择单色的皮制鞋

鞋子的颜色最忌讳色彩斑斓，市场上有多色相加的鞋子，但是此类鞋子对于正规场合来说过于花哨。因此，鞋子应该尽量选择颜色单一或者中性色相间的，黑色、咖啡色、土黄色、米色、灰色等，往往能够与大多数服装相搭配，所以，不妨在自己的鞋柜里多存放几双此类不同高度的鞋子。

仅就材质而言，皮面、皮底与皮内里的真皮皮鞋是增强气场的上上之选，真皮皮鞋不仅具有吸汗的功能，而且曲张度良好，能够为脚部提供足够的呼吸空间，使人穿起来不仅舒适、自在，而且更加有质感，相比于一般的革面、布面的材质，光滑的皮制鞋子是首选，翻毛皮、磨砂皮一类的鞋子，也与商务氛围不契合，最好不要在商务场合穿。

3.备三种不同的鞋子

对于男性来说，鞋子的高度永远只有平底、内增高两种，但是对于女性来说，鞋子却被分为了三种不同的高度。

（1）中跟鞋

俗称“空姐鞋”，此类鞋子是增强气场的最佳选择，中跟鞋一般为船形、粗跟造型，鞋子的高度在 3 ~ 5 厘米。在商务场合，这是一种最规范化、最易于与职业装搭配的鞋子，鞋子的颜色应该在灰色、黑色、咖啡色、白色之间，因为它们跟什么颜色的衣服都能够搭配。如果你的工作需要经常站立、行走的话，此类高跟鞋能在减少伤害的基础上，满足你对美丽的渴望。

（2）高跟鞋

此类鞋子专为那些期望能够让自己的身材显得更高、更挺拔的女性所用，鞋跟偏细，高 5 ~ 9 厘米。不管你的身材高矮，只要穿上它，你便会不自觉地挺胸、收腹。

此类鞋子高度过高，走路时往往会很累，而且容易对脚部造成伤害，所以，如果你的工作只是片刻地需要“更高的高度”，那么，不如在自己的办公室中放一双合脚的平底鞋子：只在与客户见面、重要场合需要时再穿上高跟鞋。

（3）平底或坡跟鞋

此类鞋子省力，在日常休闲中，很多女性都喜欢这类鞋子，不过，这类鞋子往往是出差或者旅行、周末以及工作以外的放松时刻穿，在商务场合过多地穿此类鞋子，不仅不会让你的气势增强，甚至还有可能让你的女人味减弱。

很多职业女性有这样的错误观点：鞋子的功能只是为了让身材变高或者变矮。因此，我们往往会在生活中看到，很多高个子的女性只穿平底鞋，低个子的女性永远穿高跟鞋的极端例子。但是，任何极端的做法对女性来说都是有害的，让鞋子配合自己，完成整体造型上的变化，才是最佳做法。

相对于女士来说，男士鞋子的选择便显得有些单调了：男士在正式场合中选择的皮鞋，应该以正统、庄重的造型为主，最好没有任何图案与装饰。即便如此，一个男士也至少应有五双鞋：两双休闲皮鞋，三双正装皮鞋。两双休闲皮鞋用来搭配商务便装，三双正装皮鞋则可以用来搭配西装。

在高度上，至少有一种鞋子是男女皆不可入选的——你应将厚底鞋永远扔出自己的职业鞋柜。

4.让鞋子变成细节的体现

最基本的细节往往能够体现最可贵的修养，所以，你应该在鞋子上投以更多的关心：

（1）鞋内无味

皮鞋要勤换，最好有几双鞋可以轮流穿，这样可以减少鞋子的损伤度，同时也可以使鞋内异味有时间散尽。

（2）鞋袜相配

商务人士最好选择单色的袜子，最好是肉色、黑色、浅灰、深蓝色。

男性的袜子应该尽量选择与鞋子相近的颜色，女性不可将九分裤、健美裤当袜子穿。袜口应该没入裙内，不可暴露。此外，如果袜子上有洞，应及时弃用——如果你穿一身高档的套裙，但你的丝袜上却有一个洞，这会非常煞风景，同时也会让人对你形成不好的印象。最好的方法是，在每一次出门时，都在包中备一两双同样的丝袜，在发现有脱丝现象时，便及时到洗手间更换。

（3）及时维修、换新

如果鞋面、鞋跟已经出现了磨损，请马上将其送到专业人士那里，他们会对它进行修补——千万别以为别人不会注意到你鞋子的缺陷，其实看不到鞋子污垢、磨损的人只有你自己，其他人可是看得一清二楚。

在社交场合中，关于穿鞋礼仪还有很多需要注意的地方。如果你想让自己显得端庄典雅、气度不凡，就需要努力认真地学习穿鞋的技巧和礼仪，只有这样，才能为自己的形象增添魅力，让你的气场“足”下生辉！

第三章 举手投足，尽显不凡气度

Chapter 3

行为举止是气场的一面镜子。从人们的日常生活习惯中，就能推断出一个人有无气场魅力。

肢体语言是气场的外衣

不管是在商务会谈还是日常闲谈的交际场合中，过分地抖动腿部、抠鼻、挖耳等不雅动作都会让人生厌，这一动作反映的是控制力与能力的不足，同时也令人感觉，这个人不重视交谈，没有起码的礼貌教养。

如果能灵活运用身体“表达礼貌”，在与他人交流的同时，保持一个好的姿势动作，不仅可以使你在各种场合中表现得体、有涵养，同时还能强大你的气场。肢体语言往往对营造一个人的气场有着不可忽视的作用。

艾丽莎是一名小学音乐教师，很受学生们欢迎。在她的课堂上，大家都表现得很积极，这主要得益于艾丽莎恰到好处的肢体语言，也大大提升了艾丽莎的个人魅力。

每天早晨，艾丽莎都会站在班级门口迎接她的学生，伴随着微笑，边说边做出请进的动作。一段时间后，艾丽莎发现几个大胆的孩子在模仿她的语言和动作，后来发现越来越多的孩子在不同的场合模仿。

艾丽莎的肢体语言教学深深地影响了孩子们，也在孩子们的心中树立了美好的形象，这就是肢体所散发的气场力量。

既然肢体语言在我们的生活中如此重要，那么，我们该怎样学习和应用肢体语言呢？通常说来，有如下几个方面可供参考：

一是用面部表情表达内心的想法。表情是沟通交流的一扇窗，我们应善于运用表情完成思想的表达。如果你希望与人进行有效沟通，不想给人带来额外的压力，说话时就要恰当地把你的积极情绪表现在脸上。

二是用眼睛说话。眼睛是能够表达人们思想和感情的屏幕，比如，眯起眼睛是困意和疲倦，瞪起眼睛是恼怒和惊讶，斜着眼睛是蔑视和偷看。当然，交谈时通常要正视说话的人，时刻保持眼神的交流，不可把目光长时间转向其他地方，也不可死盯着对方不放。

三是用微笑让人无法拒绝你。微笑是全世界通用的语言，只要你愿意微笑，任何人都可以被你感染。人们常说：我们也许不能改变自己的容貌，但可以经常微笑。当你微笑的时候，你的精神状态最为轻松，心理状态也相对稳定，那么别人就能从你充满笑意的脸上感受到你强大的气场。

四是要使肢体语言看上去很自然。这需要大量的实践和总结。为了利用肢体语言的潜在功能来增强自身魅力，我们应该经常练习，最终这些信号会自然而然地融合到我们的所有技巧中。

五是用腿和脚提升个人魅力。生活中，很多人都对自己的脸部非常在意，会有意识地控制面部表情和头部姿势。但大部分人对腿部和双脚的动作不太重视，很少有人会考虑掩饰或伪装这部分的肢体信息。所以，当想了解一个人的想法时，腿和脚也是绝好的突破口。因此，你也可以利用腿和脚提升你的个人魅力。

总之，肢体语言属于人类非语言沟通，对人的社会交际十分重要，通过身体的动作，代替语言展示我们的礼仪修养，同时借以达到传情达意的效果，我们应该尽量保持给人印象良好的肢体语言，塑造完美的气场外衣。

灵活巧妙地运用肢体语言，不但能识人、观相、读心，更能透彻地认识自我，让我们从未知到已知，再到掌控，彻底改变对自己和他人的看法，与他人的每次交锋，都充满着刺激有趣的人生智慧，使工作和生活事半功倍，最终实现人生的幸福与成功。

眼睛是气场命门，顾盼间释放能量

眼睛是心灵的窗口，尊重是礼仪的第一原则。在与人交谈时，眼睛东张西望，表现出一副心不在焉的样子，是非常不礼貌的，是对对方极大的不尊重。若想塑造一个良好的交际形象，就必须在人际交往中学会恰当地使用眼神。

眼睛是气场的命门，顾盼之间能释放强大的能量。所以，如果想要让别人读懂你的气场，那么最好先让他读懂你的眼神。从你的双眼里，他会看到你是骄傲自大，还是谦逊温和，是贵族式的绅士，还是暴发户式的神气，进而他会选择和你亲近交谈，还是从你身边走开。

小谢是一家电子产品的销售经理，她刚工作不久，便成了店里的销售之星，所以，参加工作只有两年的她，坐到了销售经理的宝座上。

有一天，老板让小谢对新招来的员工进行培训，教给他们一些销售技巧。小谢把所有员工召集起来，然后挑出一个看起来聪明伶俐的小姑娘去柜台那里招揽生意，小谢和其他员工站在一旁观察。不久，小姑娘就迎来了第一个客人。她热情地迎上前去，说："先生您好，本店有最新上市的电子导航仪，'十一'长假快到了，有了它，您开车出游会很方便。”那个客人斜着眼睛看了一眼小姑娘，没说话。小姑娘继续说：“现在我们这里有打折活动，买够500元可以打八五折。”客人听后，什么也没说就走开了。

客人走后，小谢对员工们说：“刚才那位先生，在我们介绍产品的时候虽然停下了脚步，但是你们注意他的眼睛了吗？”

大家都茫然地摇了摇头。

小谢接着说：“他刚才只是斜着眼睛看了一眼我们的推销员，这说明他对推销的产品没有兴趣，并不需要这个产品，在这种情况下就不必再推销这个产品了，可以再向他介绍一下别的产品，如果他仍然连正眼都不看一下，那就不必在他身上浪费时间了。”

大家听了恍然大悟。

小谢之所以能成为一名销售明星，就是因为她懂得通过眼神解读消费者的心理，不会把时间浪费在没有消费意愿的顾客身上。

小谢能注意到顾客“斜眼”这个小细节，然后猜到顾客利用视线的转移来表达想转身的意图，也就是所谓的“回避视线”身体语言，这表示客户对推销的产品并没有什么兴趣，可以不用再继续推销此款产品了。

眼睛是心灵的窗户，是气场的传输孔，你不妨通过眼神来传递自己的气场，从而影响旁人。

如果你不想成为没有气场或者猥琐的人，就要敢于运用你的眼神，大胆地看人，用眼神进行交流。仔细回想和身边人说话时的情形，回想他们的眼神，是不是有些人总能用一个眼神就使你感到不快？比如：头微垂，翻着眼睛看人；头微偏，斜着眼睛瞟人；目光游移，只拿眼睛扫视周围。

这种眼神或许不是故意的，但总能让人心生厌烦。所以，如果你也有这样不良的习惯，一定要改正。且不说破坏了气场，更重要的是，会阻碍与旁人的交流。

那么，你应该怎样灵活运用眼神中的小礼仪来让对方感受到你的气场呢？

1.眼神要正

不管你想跟对方说什么，你的眼神一定要有正气，不要猥琐。像老鼠一样转动你的眼球，会让人感到你是个不良分子。心理学家认为，当你看一个陌生人的时候，你的眼神在他身上停留的时间不要超过三秒钟。否则，会让对方不舒适，或者认为你有敌意。

当你和别人交流的时候，正视对方的眼睛，头部不要歪向一边。这样，别人才会认真听你说话。否则，人们会以为你不是在和他说话，而是在自言自语。

2.通过眼睛传达你的自信

当然，如果你想要到老板的办公室要求他给你涨薪水。那么，你就要盯着他。此时，你的眼神带给老板的气场，要让他感到你的自信、坚决，他才会认真考虑你的要求。千万不要低着头，这会让他感到你内心的犹豫，自然你的愿望最终很难得到满足。

另外，当你准备说服客户采用你的计划时，也要专注地看着对方，让他感到你的自信和专业能力。尤其你想要说服一群人的时候，更需要你让每个人感受到你的自信，而这并不是只靠嘴说的，更靠眼神来传达。在眼神传达自信时，你可以在语气里作出肯定和强调。你会发现，你的听众们，很快就会被你打动，并且频频点头。

3.发生争辩时，你需要表达的眼神

遇到争辩，不要气短。当然，你可能说得很少，但是你一样可以打败对方，这就是眼神的威力。总的来说，你需要保持你的眼睛一直注视对方，告诉他，你很坚持自己的看法。通过眼神的较量，如果对方心虚，可能会把眼神投向别的地方，那么你就在不动声色中取得胜利了。

如果吵架不是你的长项，那么，你可以用眼睛紧盯着对方，然后保持沉默，很快你就会发现，他在你犀利的眼神下，声音越来越小。

4.吸引人的眼神

想要吸引某个人，你的眼神就要作出对他感兴趣的表示。比如，看他的眼睛，适当地微笑，或者适时地抬抬眉毛。当然，长时间盯着某个人的眼睛是不好的。所以，你需要转换你的眼神。

有这样一个转换眼神的小技巧：先看对方一只眼睛五秒，再看另一只眼睛五秒，最后移到嘴部。这样三角形地来回移动，并且配合你的微笑，很快对方就会被你吸引，愿意和你交谈。

5.你需要杜绝的眼部动作

不管和什么人交流，你的眼睛都不要做这样的动作：

目光游移，拿眼角余光扫视别人；

偏着头，斜着眼睛看别人；

低头，翻着眼睛看别人。

上面三个动作一定要杜绝。这些眼神是心虚的、猥琐的、不屑的、气短的，别人看到这样的眼神会以为你对他们有意见，或者你正在说他的坏话。

爱默生说过：“人的眼睛和舌头说的话一样多，不需要字典，却能够从眼睛的语言中了解整个世界。”眼神是你告诉别人的语言，不管你是想吸引对方，还是告诉他你不好惹，都比语言来得快！恰当地使用眼神，你会发现，你的气场会随着眼神而不断转换！

控制住你的呼吸，透出强大气场

2010年秋季上映的电影《武侠》里，金城武饰演的捕头怀疑甄子丹饰演的伐竹工是个武林高手，于是跑去试探对方的呼吸功底。因为一个内功深厚的人，呼吸功底十分强大，可以自如地吸气、藏气、用气。一个呼吸功底强大的人，身上能透出强大的气场，甚至连苍蝇蚊子都不近身。

电影里面自然有夸张的地方，但是我们不妨想一想，日常生活中是不是也有这样的情况：我们的呼吸可以影响我们的情绪，进而控制我们的行动，避免因莽撞急躁而展现自己粗俗无礼、没有教养的一面。

生活中我们常遇到意外情况，或是令人气愤的，或是令人忧愁的，或是令人害怕的，或是令人紧张的……如果此时控制不好自己的情绪，让情绪影响了我们的行为，就可能会阻碍事情的进展，甚至耽误了要事。

古人说君子要做到泰山崩于前而面不改色，就是说，哪怕发生天大的事情，都不能紧张慌乱，不能产生激烈的情绪波动，要懂得克制，要忍耐得住。事实上，真正能做到这些的人，都是具有强大气场的人。正因为他气场强大，所以才装得下各种“惊涛骇浪”。

那么现在还很平凡的我们怎么才能修炼成这样呢？有个切实可行的方法：深呼吸。

当紧张激动的时候，深呼吸能够有效抑制情绪的波动，我们何不利用这个简单易行的方式，来修炼个人的内在气质与涵养，从而慢慢修炼我们的气场呢?

有时候，我们很容易冲动，心血来潮，刚有个想法就急着付诸行动，说了就干。但结果往往不尽如人意，不是这儿出错，就是那儿不对，只能后悔自责。尤其是胆汁质的人，更容易急躁。因为胆汁质的人最大的特点就是急躁、冲动，所以更需要注意。

除了性格因素外，还有一些因素导致有的人经常表现得很急躁。比如，自我表露欲望强烈，总是想炫耀自己的长处，表现自己的能干聪明，凡事都抢着做，抢着说，结果欲速则不达。还有一些人以自我为中心，只关心自己，说话做事只看见自己，不顾及别人，时间长了一有事就先跳了起来。还有的人缺乏耐性，做事情只图一时痛快，而不计后果，这种人也让人觉得很冲动，很急躁。

这种长期形成的行为方式一时间是很难改的，唯一能奏效的就是在每次急躁冲动的时候深呼吸，用这种方法压制当时的激动。只要能顺利地克服激动情绪，那么每次旧病再犯的时候就深呼吸，时间一长，就会发现冲动的时候越来越少，用深呼吸调整情绪的时间也越来越短。通过长期的打磨，就可以在一定程度上克制焦躁的性格，而当这种气质稳定后，任凭发生什么紧急情况，都会冷静面对，从容应对，让个人形象在急躁的情绪中“幸免于难”。

近年来，瑜伽运动十分流行。女士们都很倾心这种软体运动，不但可以锻炼身体，增强体质，还可以训练身体柔韧度，更重要的是能净化心灵。学习瑜伽的一个重要内容就是学习正确的呼吸法，只有正确地呼吸才能将运动本身的效用发挥出来。瑜伽教练指出，呼吸模式会影响一个人的心态。所以，为了建立健全心理人格，呼吸和心念一样，都需要控制好和管理好。这可以说是最能够实际运用的，通过训练呼吸来修炼心灵、打造气场力的理论了。

呼吸法其实关系养生之道，正确的呼吸要深、长、稳；要均匀，不宜急促，不可流于短而浅。呼气和吸气的时间需要一样长，这是个缓慢训练的过程，不要急于求成，不要强迫自己，应按部就班掌握正确的方法。

只有呼吸得法了，才有助于管理情绪，培养专注力、意志力和判断力。长此以往，通过呼吸的改善，人也变得平静，遇事冷静，在面对困难时得以使用不同角度考虑问题和有效解决问题。“呼吸不只是生理上的排出二氧化碳、吸入氧气的过程，也是对生命力的控制和延长，以及最大限度接受宇宙的能量。”瑜伽教练的说法将瑜伽运动和气场修炼再一次联系起来。

下面，我们可以简单了解一下几种瑜伽呼吸的方法。

1.鼻孔交替式呼吸

将右手拇指压住右鼻孔，慢慢以左鼻孔吸气，再将右手无名指压住左鼻孔，将右手拇指移开，缓缓由右鼻孔吐气。再用右鼻孔吸气，将右手拇指压住右鼻孔，放开右手无名指吐气。如此交替呼吸，每天练习 10 遍以上。

2.坐山式呼吸

手指相扣，双手垂直举过头顶，手掌朝上。头部向前弯曲，下巴抵住胸骨。采用深、长、稳和均匀的呼吸方式，保持一分钟。

3.瑜伽式呼吸

最好保持金刚坐姿，双手交握放在后脑，吐气，双肘向内，手掌将头轻轻向下压。吸气时腰放松，胸向前挺推，肩胛向外，下巴向上抬。如此将动作重复 10 次至 20 次。

4.上犬式呼吸

腹部着地脸朝下地躺在地上，两脚分开三十厘米左右，脚趾向后直指，手掌放于腰侧。吸气、抬头，躯干、手臂完全伸展，尽量把头和身体向后仰。膝盖离开地面，腿和膝盖绷紧，重量放在手掌和脚趾上。保持 1 分钟深长呼吸，弯肘，放松身体，然后还原姿势。如此反复多次，以身体舒适为宜。

5.鱼式呼吸

静坐，双脚向前伸直，身体平躺，双肘撑地。吐气，胸椎带动身体尽量向上挺推，后脑贴地。保持 1 分钟的深长均匀呼吸。肘撑地，吸气，头抬高，背部贴地面调息。

6.下犬式呼吸

金刚坐姿，身体向前，双掌贴地呈猫式踩脚尖。吸气臀部向上抬高，膝盖伸直。吐气将脚跟慢慢向后踩地，再将背、肩胛向下压。腹部呼吸 1 分钟后，膝盖还原落地。

就像瑜伽运动中的呼吸，你若是能控制得了自己的呼吸，就能帮助自己保持全身松懈状态，身体柔软，肌肉伸展自如。这时候，人的脑袋和情绪会归于平静，不会产生与别人比高低的竞技心态，能够了解并认同自己的局限，不逞强，不苛求自己，只会在一步步地修炼中慢慢提升自己，气场也会渐渐变得强大。

适时调节声音，为气场加分

其实，从某种角度来说声音也可以真实地反映出一个人的礼貌教养和品性优劣。一个言语粗鲁、嗓门大、说话咄咄逼人的人，你一定不会将他和礼貌、修养等词联系在一起。而一个嗓音优美、充满磁性、彬彬有礼的人，总是能让我们把目光投向他，这就是声音所散发的气场引力！

说话的声音是随着我们自身的变化而变化的。它对我们如何感知自己、如何感知他人都有着深刻的影响。

声音是气场的构成部分，在气场中发挥着很大的魔力。我们可以用声音来争取听众的支持，让他们相信我们，或用声音赢得他们的尊敬、爱戴和信任。当然，我们也可以用声音使听众精神振奋或昏昏欲睡，同时也可以疏远或吸引他们。

1939 年，一部以《世界的战争》改编而成的广播剧，在美国轰动一时。虽然当时广播公开声明这仅仅是一个戏剧而已，并不是真实事件，可是这家电台覆盖面广泛，再加上当时主播的声音让人心情激动，结果全美国的人都着了迷。有成千上万的人听了这个广播就开始恐慌起来，因为他们相信广播中所讲述的事情是事实，他们觉得人类将要遭到火星人的入侵。

从这一点来看，富有感染力的声音对增强我们自身的气场有很大的帮助。

仔细想想，仔细想想，为什么新闻播音员这个职业对声音有着严格的要求呢？其实很简单，那就是优美、动听的声音具有感染力，能够吸引到观众的注意力，而新闻播音员的受众较广，对声音的要求相对来说更为严格，这也就需要新闻播音员必须要有一副一流的好嗓子。

当今社会，大多数年轻人都接受过高等教育，他们学习着自然科学、文学、艺术等多种科目，可往往不注重学习怎么才能发出优美的声音。这也不免会在提升个人气场上减分。

因此，倘若我们的嗓音让别人听起来感到不舒服，这就可能会抹杀我们其他方面的优点，同时也会降低我们的气场吸引力。

我们应该让自己的声音成为气场的优势，而不要让它成为气场的敌人。不论我们原来的声音怎么样，其实都可以通过练习来进行改变，从而让它体现出我们的气场魅力。所以，我们要明白，我们的听众所期待的是什么样的声音，当然就是容易让人听懂的并能让人愉悦的声音。

倘若我们的声音洋溢着纯洁、和谐、生气勃勃的气息，那么它就能强化我们的气场。倘若每一个音节、每一个字符和每一个句子都能被我们清晰圆润地表达出来，而且显得抑扬顿挫、高低有致，这样的节奏感是非常美妙的。所以，我们要注意训练自己的声音，从而让自己拥有巨大的气场，让更多的人喜欢我们，或者被我们所感染。

抬头挺胸展示精神面貌

走在大街上，当我们从背后去观察一个人时会发现：很多人都喜欢垂头耷拉着肩，给人一种萎靡不振、灰心丧气的感觉，这种形象散发出来的是一种消极的气场，毫无吸引力和魅力可言。

美国密苏里州大学的某位医生曾经说过："抬起头来将会令你外表年轻一些，还能减少患病的概率。"当你抬起头挺直腰时，胸膛就会随之挺起，肺活量可增加20%~50%，空气吸入多，身体组织所获得的氧气量也就随之增多，当一个人获得较多氧气供应时，身体就不易疲倦。所以，"抬头挺胸"既能保持脊柱的正常生理曲度，又能使内脏舒展开来。

英国女王伊丽莎白二世有一个健身秘诀：抬头挺胸精神抖擞地走路。因为很多时候抬头挺胸能让你产生适度的紧张感，而这对身心来说是相当必要的。如果失去了紧张感，所有的时间就会过得散漫随便。而那种散漫的气场，也将会影响到脸部的表情，甚至是体型。

其实，挺胸抬头不仅是一种气质，而且是一种积极的气场。成功者总能够做到抬头挺胸，自然地突出优势，以最闪亮的外表来征服他人。

有一个青年上中学时，总是垂头耷拉肩的样子，老师对他说："你要成功，就得挺胸，必须改掉弯腰驼背的毛病。”尽管青年照做了，但并不了解挺胸为什么那么重要。

当他功成名就后再次与老师重逢时，就问：“自从我改掉弯腰驼背的毛病之后，做事似乎比以前顺利得多了，挺胸为什么有这么大的妙用啊？”那位老师笑着说：“你现在终于体会到挺胸的好处了。挺胸所能体现的意义很多，美国人的挺胸是健康，英国人的挺胸是矜持，德国人的挺胸是自信。挺胸表现了一个人的精神和魄力，以及面对现实、迎接战斗的勇气。它是坦荡光明的展现，是不屈不挠、真理正义的象征，所以从某种角度来说，挺胸是迈向成功的第一步。”

一个人昂首挺胸所展示的精神面貌，直接关系到自己的气场强弱。就像维纳斯，不用任何语言，就能给人一种说不出的美。

既然挺胸抬头有那么多的好处，做起来又不是很难，现在就应该尽量去做，时刻提醒自己，养成好的习惯，这样才会提升个人的气场吸引力。

握手，握出你的气场

握手是交际场合中最常见的一种礼仪，也是世界上最通行的常用礼节。不同的握手方式展现不同的形象，握出不同的气场。有些人握手能拒人千里之外，感受到内心的寒冷；而有些人的手即使手指冰凉，握着他们的手，也能通过那两只手感觉到他们火热的内心。

通过社交场合的握手礼，往往能折射一个人的礼仪修养，同时感受到一个人气场的强弱。

心理学家指出，握手时的一些下意识动作，能够体现对方的思想和情感。尤其是初次见面的双方，在握手致意的时候，通常能够从这一动作中感受到对方传递过来的气场。

这些气场中，较为常见的有以下三种。

一是支配性气场。传递出支配性气场的握手方式，是在握手时先伸出一只手握住对方，随即手心向下。这个姿势显示发出动作者有强烈的控制欲。因此，他可能极为强势，希望能掌握彼此之间的控制权。根据美国某学者对54位成功的高级主管调查显示，他们不仅会主动跟人握手，而且绝大多数使用了支配性握手的方式。

二是顺从性气场。展现出顺从性气场的握手方式，是在握手时将手掌翻转过来，手心向上，这个姿势说明发出动作者很温和，容易被控制。同时，这还意味着他将相处中的优势地位让给了对方，失去了控制权。

三是平等性气场。平等性气场的握手方式，是在握手时双方的手像平行垂直于地面的两堵墙，紧紧地靠在一起。这个姿势说明发出动作者崇尚平等，尊重对方。通常这种握手方式会让双方形成很融洽的关系，给彼此留下深刻的印象。

其实，握手这一动作的本意，就是要表达友好。因此，用握手营造良好的氛围，为自己树立良好形象是十分重要的。任何一方都不应有凌驾于另一方的想法，这样才能表达对对方的尊重。

此外，在握手时，还应当面带微笑，凝视对方的双眼，以便将你的友好与热情充分地传达给对方。尽管握手有强势和弱势，支配与控制之分，但在握手时仍应当遵循握手的本意，轻松地进行沟通与交流。

合乎礼仪的握手应注意以下几点。

首先，握手的时间要恰到好处。握手时，既不能蜻蜓点水似的应付了事，也不能紧握对方长久不放。这两种握手方式都容易引起尴尬和误解，尤其是异性之间，对于握手时间的掌控更应得体自然。双方最佳的握手时间应为 3 ~ 4 秒，握一两下即可。

其次，握手的力度要轻重得当。握手并不是掰手腕，而是从更深层意义上表达情感的一种方式。因此，握手时，应当注意力度，与对方保持相当即可。需要注意的是，在社交场合往往要同多个人握手，必须不断地调整握手的力度。

最后，握手时应持有积极的态度，以示尊重，让对方感受到自己手心的温暖，并应尽量确保两个人的手掌处于垂直于水平面的姿势，淡化双方之间的强势和弱势之分。

在社会交往中，谁都希望展现自己的美好形象，但是一些不经意的小动作、小礼节，稍不注意就会给我们的形象抹黑，握手便是交往中的细节，它通常对语言有巨大的辅助作用，有时甚至起着表情达意的作用，足以引起我们的关注。

第四章 小品格，折射大气场

Chapter 4

礼仪是一个人内在修养与素质的外在体现，而品格是内在修养的直接反映。具有良好的品格，就能散发出强大的气场。

气场是品质的投射

人们对待同样的事件，不同的性格会产生不同的价值观，用这个价值观去指导自己的行为所体现出的就是一个人的品质。好的品质，有别于个人礼仪在外在形象的表现，它是从更深层次的内心思想上表现个人的礼仪风范。同时，一个人的外在品质还投射出个人气场的正负。

经常会听到一些人的抱怨，抱怨公司太差、薪水太低、老板太苛刻等。事实上，抱怨是一种害己害人的负面行为，是内心不平衡的一种表现。其实，每个人身上都有可贵的做人做事的品质，只是现实中复杂的人际与烦乱的琐碎使得人们渐渐遗忘了它们。但它们其实就在那里，等待着我们端正自己的态度，拭去心灵的尘埃，它们自会释放出它们应有的光芒！

王香香中学没毕业，便从农村家来到北京，在一家火锅店的后厨里找到了一份待遇还算不错的工作。

因为是新手，有几个后厨的老员工就有意让王香香多干活，还经常把一些脏活和累活都让她一个人做，但是王香香没有任何抱怨，即使她知道这些老师傅是在有意为难她，她依旧努力认真地干活。

由于王香香的工作多，因此她总是第一个到店里而又是最后一个离开店里的。尽管如此，她还是一句怨言都没有。这段时间，那些老员工渐渐被王香香身上这股子淳朴的气息打动了，都不欺负她了，还总是给她找一些轻巧的活儿干。但是王香香这个淳朴的老实人忙完了后厨的活就去前厅看看能不能帮上什么忙。老板也听说了她的事，于是就找来了她，对她说："王香香，你为什么要这么拼命工作啊，你是想要加薪还是想要个什么职位啊？"

王香香笑着回答道："我从小干活干习惯了，所以到哪儿我都闲不下来，这和薪水、职位没有关系。"

这个平凡善良的女孩散发出来的淳朴气场深深吸引了老板。于是，第二天老板就升任王香香为店里的领班，而且还给她加了薪。此后，王香香更加努力工作了。

淳朴的品质让王香香获得了同事的夸赞，老板的信任，这不正是品质折射出来的气场魅力吗？我们也应该像王香香一样用朴实的态度努力工作和生活，不断成长，收获人生的幸福和快乐。

面对同一件事情，态度积极，整个人就会显得精神饱满、斗志昂扬；如果态度消极，那么自然就会精神委靡，得过且过。它影响气场和做事的结果。这就需要我们在平时的生活中，无论遇到什么事，都要随时调整并纠正自己的态度，将自己的内在品质扶正。

我们都知道正直、诚实、认真是一个人身上可贵的品质，也是一个人无论对工作还是生活理应具备的最起码的态度，带有这些积极品质的人常常是一身正气、工作认真、态度积极、懂原则、重感情，他身上散发的强大气场使他具有淳朴的亲和力。

相信一个一身正气的人无论走到哪里都会受人尊重，一个人如果能够在生活中正直、诚实、认真地表现自己，这本身就是一种自信的体现。其身上的强大气场一定会为他带来更加吸引人的魅力！

大赢靠德，不为小钱而失德

古老的东方智慧告诉人们："修身、齐家、治国、平天下。"现代智慧认为："细节决定命运。"一个人，只有将思想道德水平修炼到一定程度，才能够齐家、治国，进而平天下。有德才会有礼，无德必定无礼，"德"是非常重要的品质，无德会严重损害一个人的气场。

你或许没有财富，没有盛名，但是定要拥有善良的品性。生活中没有那么多大是大非，一句朴素的话语、一个看似简单平凡的行为，都可能包含着你对善良的理解与恪守。

很多人都明白"德"的重要性，但在实际行动中却不能很好地践行。面对诱惑，冲动会促使他不自觉地去违背那些准则。

《围炉夜话》里有这样一句话："财不患其不得，患财得，而不能善用其财；禄不患其不来，患禄来，而不能无愧其禄。"意思是：不怕赚不到钱财，怕的是有了钱财，却不能让钱财发挥其应有的作用；不怕得不到俸禄，怕的是身受俸禄，却没有恪尽职责，愧对己心。面对金钱诱惑的时候，你还能保持一颗清静的心吗？

李然在一家企业的业务部门担任副经理。他刚上任不久，既年轻又能干，因此，毕业短短两年就表现不俗，取得了不错的业绩。然而，过了半年之后，他却不声不响地离开了公司。

当李然离开公司之后，他找到原来在公司关系不错的同事王明一起喝酒。在酒吧里，李然喝得酩酊大醉，他痛苦地对同事王明说："你知道我为什么离开咱们公司吗？其实我还是非常喜欢这份工作的，然而我却犯了一个错误。我为了获得一点小利益，竟然失去了最重要的东西。"

原来，李然在担任业务部的副经理时，曾收到过一笔款项，业务部经理就对他说这笔款可以不用下账了："根本就没什么，大家都是这么干的。"李然虽然明知道这么做不应该，但他却并没有拒绝，而是半推半就地收下了那 5 000 元。当然，业务部经理拿到手的钱更多。没过多长时间，业务部经理就辞职不干了。

后来，总经理发现了这件事情，李然便只好也辞职不干了。王明看着李然落寞的神情，知道他心里现在一定非常后悔。然而，有些东西失去了之后是很难弥补回来的。

金钱的诱惑有的时候会让你丧失自己的原则，眼前的利益会轻易毁掉你的前程：也许虚报的一趟差旅费就让你失去了上司的信任，一次回扣就导致了一次生意的失败……

因此，无论在何种情况下，我们都要保持一颗清醒冷静的心，不要存在侥幸心理，记住：任何时候都要以"礼"服人，以"德"服人，才能创造人生的大格局，从而获得生活和事业上的成功！

慷慨大度，不求回报

慷慨大度显示出一个人良好的礼仪修养。试想一下，一个得理不让人，对无理或失礼者穷追不舍，把人逼入绝境的人怎能称得上一个有礼貌、有教养的人呢？

不得不说，再没有比慷慨更能吸引人的了，因为它触到了生命的底层，将占有欲变成宽大的胸怀。因为慷慨，人们看到了正义和善良，看到了世界最柔软、最美好的部分，所以，那些乐善好施的人，总会得到人们的肯定和称赞。

洛克菲勒说："即使把我剥得一文不剩丢在沙漠里。只要有一行驼队经过，我就可以重新成为亿万富翁。"凭借着智慧和手段，洛克菲勒几乎成为世界上拥有最多财富的人。但是，当他53岁的时候，医生告诫他，如果他依旧像以前一样拼命挣钱，那么，他仅有几个月的生命也会被耗完。

不久以后，洛克菲勒成立了慈善协会，把自己的财富拿出来救助需要帮助的人，他开始不断考虑，如何用金钱让更多的人幸福。之后，他的寿命延长了多年。

如今，洛克菲勒已经去世很久了，世人眼中的洛克菲勒，是个出名的慈善家，和他的经营手段一同被提及，被称赞。

在此，我们作个简单的对比。对于多数人来说，失去100元的痛苦，要远远大于得到100元的快乐，所以，人们总是追求得到100元的快乐，而逃避失去100元的痛苦，但是慷慨的人作出了相反的选择，宁愿自己失去100元，也要别人快乐！要知道，只有别人快乐了，才愿意给你更多！

因此，慷慨像黄金一样，稀有珍贵。一个人可能会有这样、那样的缺点，但是，只要是个慷慨大度的人，就不会被他人排斥在外。因为慷慨本身就是接纳别人的表现，自然会带来别人的赞扬，这样的气场还会感染周围人。相对来说，吝啬的人则是自私的，让人厌烦的，毫无气场可言的。

当然，如果你想拥有不错的人缘，提高气场，就去慷慨地对待他人！值得注意的是，慷慨不要用错了地方。用错了地方，慷慨就变成了厌烦。一般来说，当你准备慷慨对待某个人的时候，请记住下面三点。

1.不要奢求回报

慷慨是长线投资，所以大多时候慷慨只是有去无回。慷慨之后，总是想着回报，会让你倍感难受，既然决定慷慨，就要让自己真正大方起来，而不是假装。

孟尝君曾经门客三千，这些门客的待遇和孟尝君一样，吃住甚至比

孟尝君还好。在礼遇上，孟尝君也丝毫不怠慢，对门客们很是尊敬。但是，当孟尝君因受诽谤被齐王罢免之后，三千门客很快散尽，这令孟尝君很是恼火。不久之后，他的冤屈被洗清，官复原职。孟尝君对接他的人说，如果那些离去的门客还过来见我，只要被我见到，一定唾他们的脸，狠狠地羞辱他们！接待的人说道，为什么要羞辱他们呢？因为你的慷慨，才会让他们留下来，当你失去官职，还有什么让他们留下来的东西呢？所以，没有必要羞辱他们，否则，这只能让你再也不可能拥有门客，真正成为孤家寡人。

如果你帮助了某人，当你需要帮助的时候，不能希冀那个人一定要帮助你。否则，你的帮助，只不过是廉价的交际手段。

2.不要让慷慨的对象受窘

慷慨不是怜悯一个人，相对于赞助者来说，被赞助者往往处于某个弱势的地位。所以，不要带着高高在上的态度去对别人慷慨，这些慷慨是一文不值的，别人也不会领情。

3.慷慨不要超过你的能力

慷慨超过能力，只能让人嘲笑。明明只能拿出 1000 元的人，非要证明自己厉害，拿出 10 万元，慷慨出去就不能收回。当你的慷慨不能兑现，只会被人嘲笑。因为你不仅是在说大话，还是在欺骗那些认可你、信任你的人。当你从一个慷慨、正义、慈善的人，变成一个徒有其名的欺诈者，你就会遭到所有人的鄙夷。所以，慷慨不是说大话，而是量力而行。

当然，我们虽然提倡对人慷慨大度，但绝不是一味地纵容，也不是要求你无原则地接受一切。如果容忍邪恶，不但谈不上慷慨，而且连道德底线也丧失了，也就失去了原有的意义。

诚信之礼，重建道德气场

诚信是人们进行社会礼仪交往的基本道德规范，是衡量一个人品德的重要指标，是一个人能在社会中立足的根本，是散发个人魅力的气场之源。倘若不诚信，那就很难得到大家的认可，很难有良好的人际关系，于是就很难有更大的发展。人们在交往中越来越重视诚信，因为它不仅是一个人的名片，还是人们的“第二张脸”。

李胜东是一家电脑公司的送货员。有一次，他去给客户送急需的电脑配件，途中突然下起了倾盆大雨，导致半个城区的交通瘫痪，汽车几乎都无法行驶。

按理说，李胜东完全可以和客户进行沟通，等大雨过后再去送货。但是他并没有这样做。他对自己说：“公司已经承诺要按时将货送到客户手上，那么无论如何我都要将货送到。倘若我现在返回公司，就会让公司的形象受损，而且我个人的信誉也会因此大大降低。”于是，他便从汽车的后备箱中拿出旱冰鞋，准备滑向目的地。经过两个小时的长途跋涉，李胜东终于将货送到了客户的手上，解了客户的燃眉之急。客户看到李胜东已经疲惫不堪，就将他请进屋，当大雨停后，亲自将他送回了公司。

李胜东作为一位普通的职员，用自己的行动维护了公司的信誉，也为自己建立了“信用”品牌。

此后，这家公司一直在竞争激烈的电子市场中保持着强劲的势头，除了他们技术水平精湛之外，还离不开像李胜东一样具有高度责任心和恪守诚信美德的员工！

春秋战国的时候，著名的宰相商鞅推行了一系列变革措施，这就是史上著名的商鞅变法。可是当时战争频繁、人心惶惶，老百姓对他的变法并没有什么兴趣。为了树立威信，将自己的改革继续推行下去，商鞅便命人在都城南门外立一根长木头，而且当众许诺：如果谁能把这根木头搬到北门，立刻赏金十两。一旁的群众听了这句话后，都觉得这太简单了，而且赏赐这么高，所以都不相信，觉得肯定是一场骗局，于是便没有人出手去试。

这种情况下，商鞅便将赏金提高到了五十两。重赏之下必有勇夫，这个时候终于有人肯站出来了，而且也确确实实将木头扛到了北门。商鞅便立刻赏赐他五十两金。他的这一举动，得到了老百姓的信任，同时也给自己树立了威信。这对接下来变法的深入起到了很大的推进作用。商鞅变法让秦国走上了强盛之路，最终统一了中国。

商鞅的“立木取信”和一诺千金，为他的变法成功打下了坚实的基础，从而国富民强。可见，“诚信”对个人乃至国家的兴衰存亡都有非常重要的作用。无论做人还是做事，都应切记诚信这件攻心“利器”。

那么，我们该如何在人际交往中做到诚信呢？

1.对于自己做不到的事千万不要许下承诺

做事要三思而后行，如果承诺的事超出了自己的能力范围，那到时做不到就很有可能遭到对方的轻视甚至怨恨，如果你坦诚地告知对方你的难处和能力的不足，对方也就不会勉强或责怪你，因为他明白这超出了你的能力范围。

2.对于力所能及的事，一旦承诺，就要力争兑现

如果期间遭遇突发事件，让原本答应的事可能兑现不了，那么我们就要及早给对方一个交代，并作出合理的解释。这样一来，即使无法兑现先前的承诺，对方也能理解和心存感激，而且会觉得你是个敢于承担、值得信任的人。

古人云：“人而无信，不知其可也。”这句话就是说，如果一个人不讲信用，那么他就没什么可肯定的了。交际过程中一定诚信做人，诚信是做人的一种道德规范，也是与人交往时的必备攻心利器。拿出自己的诚信和他人进行交往，才能得到他人的认可和尊重，从而让我们的人脉气场更加强大。

恭谦有礼，带来的就是吸引力

恭谦有礼带来的亲和力就像磁铁一样充满魔力，吸引人们不由自主地向他靠近，乐于与他交往，同时也是真正能改变气场正负的手段。它能让别人向你敞开心灵的窗户、情感的大门；让别人非常乐意接受你作为他的朋友；让别人心甘情愿地帮助你战胜困难。

下面这则故事，充分说明了恭谦有礼的亲和力在建立人脉获得成功的过程中所起的重要作用。

在一个电闪雷鸣的夜晚，一对老夫妇来到一个旅馆投宿。一个夜班服务生很爱交朋友，乐于助人，但也只能无奈地说："很抱歉，今天的房间已经常住满了。若是在平时，我会送二位到我们的兄弟旅馆，可现在正下着大雨，我不忍心让你们再次遭受风吹雨淋，如果你们不介意，可以住在我的房间。你放心，我的房间虽然不豪华，但是很干净。今天，我要待在值班室值夜班。"这位年轻人恭谦有礼地提出这个建议。老夫妇最终留在了服务生的房间过夜。

第二天，那对老夫妇来柜台结账，仍是昨晚那有礼貌的小伙子，他依旧温和地说："您昨天住的房间并不是我们旅馆的房间，所以不收您房费。您昨天和夫人睡得舒服我就放心了。”老先生称赞道：“你可真是个好员工，我猜所有老板都愿意有你这样的员工，或许改天我可以帮你盖栋旅馆。”几年后，这个小伙子受到一封信，信中提及风雨之夜那晚发生的事，另外还附一张邀请函和一张到纽约的机票，邀请他到纽约一游。

他怀着疑虑到达纽约，服务生见到了当年的老先生。老先生带他来到一栋华丽的新大楼面前，指着大楼对他说：“这是我为你盖的旅馆，希望你来为我经营，好吗？”这位服务生很惊讶，问老先生是谁，为什么要这么做。老先生回答道：“我叫威廉·阿斯特，我这么做是因为你个人的品质，你正是我梦寐以求的员工。”

这就是纽约最知名的华尔道夫饭店，当时那位服务生就是乔治·波特，后来又由他奠定了华尔道夫的世界地位。

上面这个故事说明，一个待人温和、恭谦有礼的人，总是能够获得更多的机遇，乔治·波特并没有因为客房已满，拒绝那对老夫妇，反而帮助了他们，最终也帮助了自己。

还需注意的是，不管你遇到什么事情，都不要因为让自己为难而影响心情，当你学着转换自己不利的情绪来与人交流时，你会发现别人总是在对着你微笑，这就表明你已经具备了很好的控制自我情绪的能力，也具备了很高的亲和力，同样也受到了其他人的欢迎。

恭谦有礼体现出一个人的亲和力，而真正的亲和力来自一个人发自内心的真、诚、善的力量。如果你的气场并不宜人，没有关系，也不用灰心沮丧，这里给你几条培养个人亲和力的建议：

1.语言平和，发自内心

与别人交流时，要让语言具有吸引力，并能为对方传达足够的信息，让人从你的语言中感受到你的个人魅力。这不仅要有平和的语调，而且要有一定的文化素养。当然，语言的价值不是单纯的卖弄，不要卖弄你的知识，不然那只会让人对你产生厌烦。你的语言不见得要多么生动，但是一定要发自内心。语言上的亲和力是最直接的，亲切感人的话语能赢得别人的欢迎。

2.不抱怨，控制好情绪

不要在人前轻易地发脾气，因为没人有义务听你的抱怨。当你抱怨生活的时候，生活已经将机会夺走，因此，要控制好自己的情绪，不要给人一种“暴躁狂”“抱怨狂”的印象。没有人是你的出气筒，所以不要在自己情绪不佳的时候，随便地责怪其他人。这个时候，你就要学会让自己成为平和的代名词，这样你才能够受到他人的欢迎。

3.态度温和，待人亲切

众所周知，温暖的亲情能化解任何矛盾与不快，因此你要让对方感受到你的亲切，就应努力与对方取得共识，保持态度一致，寻找思想共鸣。亲人之间会并肩而坐，所以与人交谈时并坐，会使他人感受到你亲人般的温暖。以亲人之间的称谓来招呼对方，也会让对方倍感亲切。如果你在与他人交流时，以“二哥”“三姨”相称或者直呼其名，会拉近双方的距离。此外，还可以适度谈论私事。如果你把亲人之间交谈的私事讲给他人听，他人就会把你看作“亲人”。

肯尼迪在竞选美国总统时只有 40 岁，在和声名显赫的尼克松举行电视辩论时，因为他以温和亲切的态度说起了自家的私事“我和我的妻子正在等待着生下新的婴儿”，便一下子拉近了与美国民众之间的距离，从而取得了决定性的胜利。

4.诙谐风趣，愉悦人心

与人聊天时，多说些小笑话，能消除紧张感、增进亲密度。他人在哈哈一笑之后，一定会对你留下深刻的印象。

一个恭谦有礼、态度温和的人所具备的亲和力，能无限度地拉近你和他人的距离，获得他人的赞赏和信任，从而拥抱成功，这就是亲和力的气场所散发的极大魅力。想要交到更多真诚的朋友，获得贵人的帮助，走向辉煌人生，那就用自己内心的真、诚、善的力量感化他们吧！

分享快乐，传递积极气场

在进门之前，抖落掉身上厌烦、压抑、忧伤、愤怒的消极情绪，带着快乐进门，他人因你而快乐，这是一种别样的礼貌方式。快乐的感染力是惊人的，它甚至能以雷电之速四处散播，把一个人的快乐，引发为一群人的狂欢，处处传递着积极的气场。

为什么快乐会有如此强烈的感染力？其实，很简单，我们的灵魂需要快乐。与之相比，人们对财富、成功等的需求，并不如快乐那样急切，不可缺失。所以，可以肯定地说：人们对于可以使自己快乐的事物更敏感，也更容易接纳。

亨氏公司的董事长亨利·约翰·海因茨就懂得这个道理。亨氏食品公司遍布世界各地，所经营的产品多达200多种，年销售额高达60多亿美元，是超级食品王国，也是美国颇负盛名的大企业之一。这本无特别之处，令人慨叹的是，亨氏公司的劳资关系被公认为“全美工业的楷模”，而且亨氏公司还被誉为“员工的乐园”。

很多人在对其进行了一段时间的研究之后发现：在亨氏公司里处处都充满了分享的快乐。董事长海因茨更是愿意将自己的快乐与他人共享。

这样的事例有太多太多：有一次，海因茨因身体欠佳，保健医生建议他到佛罗里达休假。员工们知道此事后对他说：“你的确应该好好休息了，工作太忙了，你一年到头也难得享受一次旅行的快乐。”但是海因茨走后没多久就回来了，面对员工充满疑惑的眼神，他说：“一个人玩没有意思，还是大家在一起更好些！”接下来的日子里，海因茨指挥工人，在工厂中央安放了一个大玻璃箱。里面有一个庞然大物，有胆大的人走近细瞧，原来是只短吻鳄。海因茨介绍说，它重达800磅、身长14.5英尺、年龄为150岁。“怎么样，这个家伙看起来挺好玩吧？”海因茨笑着问道。员工们异口同声地说：“好玩。”海因茨继续说道：“这个家伙令我兴奋，给我这次佛罗里达之行留下了最难忘的记忆。请大家工作之余一起与我分享快乐吧！”原来，这只短吻鳄是海因茨从佛罗里达特意为员工们买回来的。

如果我们都把快乐带给周围的每个人，用积极的气场感染他人，那么，我们也会活得更加有意义。快乐是最常经历的一种情绪体验，不管一个人的经历有多坎坷，他的一生，也一定会尝过快乐的滋味。

但是，我们几乎都会有这样的想法：一个人的快乐只是他自己的事。他成功了，所以他快乐；他恋爱了，所以他快乐；他乔迁新居了，所以他快乐……事实上，当他因成功而快乐的时候，他的家人和朋友也会跟着很快乐；当他因恋爱而快乐的时候，他的父母、朋友和他的恋人也会因他的快乐而快乐；当他因入住新房而快乐的时候，他的家人、父母甚至同事也会因他的乔迁之喜而快乐。可以肯定地说，没有谁的快乐是只能独自享用的，“见者有份”对快乐来说才是最适用的。

生活中，如果无人分享你的快乐，那么你的快乐也是浅薄的。只有当快乐成为大众的，它才实现了真正的价值。每个人都希望自己过得快乐，但并不是每个人都会无时无刻感到快乐。所以，我们不如把快乐传递给别人，一传十，十传百，形成强大的快乐场，最后变成与世界同乐，这才是快乐最好的归宿。

分享快乐、传播快乐，本身就是一种幸福，更是一种别样的礼貌方式。只要你心中有理解、有宽容，那么快乐将越分享越繁盛。分享快乐，得到的是别人，收获的是自己；分享快乐，享受的是别人，领悟的是自己；分享快乐，抓住的是别人，幸运的是自己。

第五章
朋友圈小秘密：不知礼则失礼，失礼则无人理

Chapter 5

礼仪除了体现在外在形象，更体现在你的为人处世，做人做事上。一个懂礼、知礼、行礼的人往往是个气场十分强大的人。

用气场引领朋友圈的“灵魂”

朋友圈越来越重要，一个没有朋友圈的人，他的人生很可能就是失败的。这是因为，我们的成功越来越依赖朋友之间的互助，没有朋友就意味着单打独斗，无比艰辛。

美国旧金山有一家魅力训练中心，每年都有成千上万的人去那里修炼自己的魅力与气场。那里有位科林塔·拉塞尔博士，他对每一个前来参加活动的人提出几个问题：“在你的工作环境里，你是主角吗？在朋友圈子里，你是领袖人物吗？”

事实上，有至少83.4%的人承认，在生活中找不到领袖的感觉。他们发现自己只是他人的附属品，被动地跟着别人去做一些事情，或者在重要决定前，无足轻重。

很多人渴望站在人生舞台的中心，倾尽全力追求受人关注的感觉。有些人，无论走到哪里，都是声音最大，动作最潇洒，眼神最犀利，衣着最时尚，但他未必会成为众人的中心。真正能够吸引他人目光的是心灵的感召力，也就是自身“礼行天下”的独特魅力与他的交际气场。那么，怎样才能让自己“礼行天下”修炼身上独特的交际气场呢？

首先，外表的打扮不必太过用心或做作。股神巴菲特的外表看起来很普通，头发理得很随意，脸上的皱纹清晰可见，平时总是穿着白色的衬衣，灰色或者格子的西装，然后系着很普通的那种深色领带，丝毫没有商界大亨那种奢华的做派，看起来只像个普通的老人，但是无论是谁，在与他交谈时都会感觉到他严肃中又带点随和的独特气质。

在公司里，年青的朱莉身材、长相、衣着都只是一般，可在朋友之间却是大家的焦点。每次聚会，大家都愿意把她叫来，而她每次到场，都可以使原本冷清甚至有些尴尬的局面变得热烈起来。可见，气场要比名牌时装和俊俏的面庞更易打动他人。

其次，注意说话内容和方式。要么严肃庄重，要么幽默风趣，总之要让人看出你的性格与文化修养。当然，严肃和幽默都要适度，“水至清则无鱼，人至察则无徒”，过于严肃会使人觉得你难以交往。玩笑开得过多，会使人觉得你比较轻浮。在与他人的交谈中，若是你能注意技巧和方式，对每件事都能提出精彩而独特的见解，很多人都会想跟你交谈、合作。

最后，就是时刻保持自信。比尔·盖茨说过：“一个人只要记住，做他自己的主角就可以了。这个逻辑很简单，因为他首先要了解自己，掌控自己，才能制定自己的人生策略，才有可能成为别人眼中的主角。”如果你能时常带着自信的微笑，每个人都会感受到你的热情与阳光。

能否保持和谐的人际关系，是在这个社会上能否成功的重要标准。当你懂得如何塑造并保持自己的强大气场，并影响他人，让人们觉得你对他们有帮助，那么你就会成为朋友圈子的“灵魂”，进而在商场、职场之中，让每个人以你为中心。这样，你才会如鱼得水，一帆风顺，大步迈向精彩的人生舞台！

三思而行，气场自成

三思而行，实际是一种礼貌的行为体现。仔细想想，在行事之前，把事情考虑周全，各个方面部署得当，避免因为鲁莽、考虑欠缺做出失礼之事得罪他人，这难道不是对他人的一种礼貌吗？答案是肯定的。

人类的行为千奇百怪，在不同环境的影响下，人类的各种行为会产生不同的效果，给人不同的感觉。当在某种场合下发生某件事的时候，你会如何看待？

激烈的谈判中，甲方提出了一个条件，乙方的A马上拒绝，B没有反应，C思考了一下才拒绝。对于A、B、C三人，你觉得他们都是哪种类型的人？

对于A，我们可能会产生如下一些看法：鲁莽冲动、脾气暴躁、果敢、武断或思维敏捷……

对于B，我们可能会产生如下一些看法：心不在焉、小心翼翼、瞻前顾后或害怕承担责任……

对于C，我们的想法可能会比较一致：做事稳重，三思而行。

我们都希望自己变得更加成熟，希望能拥有更好的气质，但在生活、学习、工作和感情中，我们是不是经常一不小心就扮演了A或B的角色？

爱默生说："思考是行为的种子。"我们不想被别人看成一个不稳重的人，所以在我们变成"A"或"B"之前，应该多一些冷静的思考。当三思而行成了习惯，我们便能拥有踏实沉稳的气场。

当"汽车大王"亨利·福特还只是一个普普通通修车工人的时候，有次刚发了工资，便高兴地来到一家看起来十分高档的餐厅。他在那待了足足十多分钟，也没有见到一个服务生来招待他。

终于，有个路过的服务生发现了福特，态度很不友好地将菜单丢到福特的面前，并说："菜单别看得太仔细，那样会耽误我的时间。顺便提醒你一下，左边的部分都很贵，你还是只看看右边的吧！"

对于服务生的粗鲁，福特感到非常惊讶，他抬起头看向服务生，正好看到服务生轻蔑的眼神。福特很生气，便想干脆点一些贵的菜，让服务生知道自己如何"狗眼看人低"。但是转念一想，福特觉得自己没必要为了这个不相关的人浪费自己口袋里的钱。

最后，福特只点了一个汉堡，当服务生离开的时候，福特能从他的眼神中读出潜在的意思：你一个穷小子，估计也点不起别的东西了，也就是只能点一个汉堡的命了。

汉堡送上来之后，福特并没有急着用餐，而是看着汉堡思考：我为什么只能吃这么便宜的东西，我为什么不能创造出更多的财富，享受更好的生活？

从那之后，福特立下远大志向，并一步一步地朝着梦想前进。再遇到问题的时候，他都会像在餐厅的时候一样，仔细思考，斟酌再三再作决定。就这样，福特最终走向了成功。

如果福特为了一时意气而点一些贵的菜，他可能会换来服务生的另眼相看，但他口袋里的薪水却会因此花光。更重要的是，没有对着汉堡的思索，在吃过大餐之后，福特很可能会一直把修车工的工作进行到底，便不会有以后的“汽车大王”。

很多时候，我们习惯因为一时的愤怒或冲动而作出某项决定，并不假思索地执行。当事情过去之后，我们才会在某个瞬间忽然产生后悔的念头，经常会想“要是当时不那样做就好了”。

接着，我们可能会给自己找一些借口，因为天气、因为身边的人、因为某段音乐……其实，说到最后，我们能说出来的最有说服力的原因只有一个，就是：“当时太冲动了。”

既然我们都知道自己会犯这样的错误，为什么不尝试着去改变？改变这种恶习其实不需要浪费多少精力，只需要先让自己冷静下来，再用心思考一番，作出的判断更加理性，那时沉稳成熟的气场已经围绕在我们身边了。我们付出的只是一些思考的时间，得到的会远比付出的多。

俗话说：“不学礼，无以立，人无礼则不生，事无礼则不成，国无礼则不宁。”不要误将“反应迅速”和“当机立断”给自己贴上“无礼”的标签，试着做一个懂得冷静思考的人，我们便能拥有沉稳的气场。虽然我们不一定会变得非常优秀，但我们至少拥有了更多取得成功的筹码。

圆场打得好，气场自然成

有句话说：“人无笑脸休开店，会打圆场自落台。”意思是说，开店的话就要以和为贵，笑脸相迎，而在做人的时候，就要学会帮别人圆场，巧思考，给对方台阶，让事情圆满收场，你敏锐、聪慧、识大体的气场就会显露无疑。当然，“打圆场”不是做无原则的和事佬，说些无意义的空话，而是要讲理，有条有理，要让大家彼此都互让一步，这样就可以得到不错的效果。

而不懂得打圆场的人，以为自己可以置身事外，相反，有时却可能会把自己陷进去，到时候尴尬的还是自己。

有这样一个经理秘书，遇到记者问关于产品质量的问题，一时不知道怎么说，便说道：“关于这些问题，你们可以访问总经理。”于是，记者一窝蜂跑到总经理那里，而总经理恰好此时焦头烂额，没想到记者一窝蜂过来，于是，回答之下，漏洞百出，最后引起公司的危机。当事情过去后，总经理很快辞退了秘书。

在上司遇到尴尬和困难的时候，秘书却置身事外，一推了之，自然，这样的秘书也就没什么用。所以，遇到尴尬的事情，不要想着怎么逃避，既然你接触了，自然就会受到影响。况且，很少有大是大非的问题，很多都是模棱两可的，所以，打圆场避免事态升级就是很明智的了。

那么，打圆场要注意什么？怎么才能把纠结的事情“化圆”？

第一，转移关注点。

打圆场往往是当事人双方纠缠在一个环节上，互不相让，因为让步就意味着对自己不利。所以，要把问题的关键点转移。

这种情况多出现在上下级之间，上级不喜欢下属看到自己的尴尬，而下属又没有办法避开，这时候，就要为上级解决问题。比如，上面案例中的总经理秘书，应该转移话题安抚记者，为总经理赢得解决问题的时间，而不是把总经理抛到记者面前，直接受到记者的逼问。

第二，客观分析，找到关键点。

如果两个人是平级关系，那么，打圆场最忌讳偏袒某一方。所以，客观分析很重要。将双方的要点都总结一下，这样，两个人的问题就会显现出来。当两个人都认识到自己的错误，那么，也就没有了争辩的必要。

第三，找个借口。

如果两个人依旧为了面子不肯相让，而你把话都说清了也不管用，那么，如果你和一方比较亲密，不妨找个借口把他拉走。事后冷静下来，再互相谈一下，问题就解决了。

会打圆场，证明你是一个懂得办事之礼的人。圆场打得好，不仅会为别人省去麻烦，还会让你的气场快速提升。会打圆场的人，往往能获得不错的人际关系，也能借助人脉获得事业上的成功。

让气场在进取中强大

数学上有一道这样的题目：在一个池塘里，有一些鱼草，它们每天会增长1倍，30天会长满整个池塘，请问第28天的时候，池塘里有多少鱼草？

这道题的答案应该从后往前推，答案为1/4。站在池塘的对岸，也许你会觉得这个比例是很少的，但是第29天就会占整个池塘的一半，而第30天就会长满整个池塘。

每天进步一点点，就会产生无穷的威力！池塘里的鱼草是这样的，而我们人类则更是这样。倘若我们每天进步一点点，永远都保持一颗奋进的心，那我们的气场就会产生巨大能量，从而会让我们的人生发生翻天覆地的变化。

积极进取会给我们带来很好的气场。因为我们的不断进取，会让别人觉得我们的发展前景广阔，他们就乐意和我们交往。一个人最终究竟是平庸之辈还是人中之龙，通常主要取决于他是否有积极进取的精神。

我们大概都知道王安石的《伤仲永》。这篇课文讲的是，在北宋时期，有一个叫方仲永的人自幼天资聪颖，五岁时就能写出四句诗来。于是，他的父亲很高兴，便拿儿子的诗去请教村中的老秀才。老秀才看完了方仲永的诗后，连声叫好，说后生可畏。后来，有很多读书人都慕名而来，出题考方仲永，而他也能很快做出来，而且写的诗思想积极、文采斐然。

很快，方仲永就在他们的乡里、县里出了名，成了整个县里的名人，就连临近各县也知道有个“神童”叫方仲永。

不久，很多慕名而来的有名望的学者和绅士，拿着金钱和礼物专门来到方家进行拜访方仲永，请方仲永写作诗文，然后悬挂在自家客厅显眼的地方，把方仲永父子当作宾客进行接待。

方仲永的父亲对用儿子的文章换取财务乐此不疲，于是便不让儿子继续学习上进，而是天天领着他四处向别人求讨财物。父子俩便经常出入于豪门阔宅中。因为长期以来没有学习，所以方仲永的学问也没有长进，方仲永那聪明的天分也渐渐泯灭了，所写的诗总是那么几首，人们看多了，也就觉得没有新意了。

从这个故事我们可以看出，一个人即使拥有再好的天分和再强大的气场，也要懂得积极进取，如果不懂得给自己不断注入新能量，那么能量就会逐渐减弱，就会萎缩，甚至消失殆尽。倘若一个人没有了气场，那他就不会获得自己所渴望的成功。

气场如果不在进取中强大，就会在停滞不前中消亡。积极上进的心是气场的支柱，也是成功人生的支柱。拥有一颗积极上进的心，我们才可能不断地完善和提高自我。拥有一颗进取的心，我们奋发向上的动力就会更加充足。而如果我们忽视了进取之心的力量，在生活中随波逐流，安于现状，对自己大部分还没有被开发利用的潜力无动于衷的话，那么我们将来的结局也就和方仲永没有什么两样。

进取是一种向上的精神，它能不断地提升人的气场和能力，从而让人生走向辉煌。

众所周知，娱乐圈是个新人辈出、喜新厌旧的地方，可是“四大天王”之一的刘德华时至今日，依然是影视歌坛的超级巨星，依然是演艺界的当红偶像。这是什么原因呢？

从唱歌来看，他没有张学友那动人的歌喉和唱功；从舞蹈来看，他没有郭富城那样潇洒帅气的舞姿；从演技来看，他没有梁朝伟那样精湛的演技。而他之所以能有着辉煌的成就，红遍亚洲二十多年，演绎了不老神话，正是因为他一直没有放弃努力，一直是用不懈的努力去挑战极限，为了目标而进行奋斗。他那不断进取的精神就是他气场的动力之源。刘德华以自己不断奋进的精神感召力征服了千千万万的歌迷和影迷，创造出了自己的人生奇迹。

人的气场能够不断强大，就是因为进取之心的推动。进取心这种内在的推动力给了我们充足的动力，激励我们为了更加美好的明天而不断努力。所以，为了自己的未来请努力吧！一旦我们受到进取心推动力的引导和驱使，就会让自己的气场更强大，让自己的人生更完美。

注意控制好情绪，让理性的力量支配自己

一个理性的人，内心必然是强大的。他会像磁石一样，吸引周围无数人的眼光。对于这些人来说，这个理性的人是值得关注的，因为这个人作出的决定一定是正确的，他的决定是大众信心的源泉。

相反，那些遇到大事就失控，本来顺利的事情也会被弄得一团糟的人，自然会被轻视，更别提拥有大气场了。所以，控制情绪，用理性支配情绪是必需的。

一般来说，你需要通过下面几个途径来实现。

1.静心思考

如果你受到了刺激，情绪正处于崩溃的边缘，那么你需要给自己一定的缓冲时间。

在一次员工培训中，培训师拿出一个苹果，他对后台一名员工说："先生，这个苹果是什么颜色？""红色！"这名职员看了一眼答道。"你很聪明！猜猜它的味道，酸的，还是甜的，或者其他的味道？"员工有点气愤，因为这个问题看起来很白痴。他懊恼地说："这个苹果跟我没关系，我需要的是解决问题的方法！"

培训师笑了一下："你很想找到解决问题的方法，但关键的是，你现在最需要的是安静。十秒钟，专注地猜猜这个苹果是什么味道。"那名职员盯着培训师手里的苹果，恨不得把它吃掉。但是，他一瞬间觉得自己好像懂了什么，"我想应该是甜的"，他回答说。

恶劣的情绪从来都是魔鬼，钻到我们人生的甜苹果里，把它变成酸的或者苦的。但是，它最大的敌人是安静，只要你静下心，就能让你的理性得到释放。这时，再去思考问题，你很可能就会找到不错的解决方案。

2.向上归类，快速改变思想

遇到危机或者障碍，我们总习惯说："因为某某，所以我很气愤、恼火！"其实，我们并不是因为某某才恼火。只要向上归类思考，相信你可以找出很多原因。

比如，我们总是认为，因为老板的责难，所以自己工作得很压抑。你可以这样想，对于老板的责难，我不压抑，那是因为这份工作我一直很喜欢。当然，你还可以找到其他的原因来补充。于是，你的情绪就会好转。而情绪的改变，则让你更加理性地面对问题。

古往今来，那些能成大事的人，往往是理性的。黑格尔曾经这样说理性："理性是有机巧的，同时也是有威力的。"在别人胆战心惊、诚惶诚恐的时候，他还能在千钧一发之际镇定自若，的确非常人能做到。也正因如此，才格外吸引人，令人佩服。如果你想成就一番大事业，那就用理性控制自己的情绪做事有"理"又有"礼"。

第六章
说话小礼仪：一开口就让人喜欢你

Chapter 6

同是一句话，措词略有不同，效果就会相差甚远。因此，若是想一开口就让人喜欢你，说话就得懂点“礼”，会使得你拥有与众不同的气场！

言语礼貌：嘴巴甜一点，气场也会随之而来

俄国哲学家赫尔岑说：“生活里最重要的礼节是有礼貌。”社交离不开谈吐。作为知书达“礼”的现代人，嘴巴应该甜一点，懂得赏识和赞美他人。适当地赞美对方，会增强人们之间和谐、温暖和美好的感情，也会改善自己与周围的关系，你存在的价值也就被肯定，气场同时也会增强。

人人都有得到别人赞美和赏识的欲望。这种欲望一旦得到满足，人的才能就能最大限度地得到施展，潜能就能最大限度地得到发挥。

正是因为赞美的声音，让一个毫不起眼的保洁员对公司“以身相许”。

这个保洁员已经在这个大型公司干了很长时间，每天兢兢业业。可就是这样一个不起眼，很容易让人忽视的小角色，却在一天晚上公司保险箱被窃时，与小偷进行了殊死搏斗。

后来，有人问这个保洁员，你只是公司的一个保洁员，为什么拼了命也要与小偷殊死搏斗呢？这个保洁员的回答让所有人出乎意料。这个保洁员说：“当公司的总经理每次从他身旁经过时，总会赞美说‘你扫地扫得真干净’。”

就是这么一句简简单单的赞美，领导的气场一直萦绕着这个员工，对公司“以身相许”并在公司的危机时刻挺身而出，赞美的力量是多么强大。

赞美往往能调动一个人的积极性，尤其是领导者对下级。赞美能调动下级的积极性、激励下级工作热情，在领导工作中具有非常重要的作用。洛克菲勒曾经说过：“要想充分发挥员工的才能，方法是赞美和鼓励。一个懂得交流的人，应当学会如何真诚地去赞美他人。不少人总是深恶挑别人的错，而从不吝惜说他人的好处。事实也证明，企业的任何一项成就，都是在被嘉奖的气氛下取得的。”赞美是一笔小投资，但是它的回报却是非常丰厚的。如果能学会赞美的技巧，掌握赞美的艺术，一定能收到意想不到的效果。

赞美是一种力量。一个人具有某些长处或取得了某些成就，他还需要得到别人的承认。如果你能以诚挚的敬意和真心实意的赞扬满足一个人的自我需求，那么任何一个人都可能会变得更愉快、更通情达理、更乐于协作。赞美是一件好事，但绝不是一件易事。不管是谁，赞美要掌握一定技巧，才能事半功倍。

1. 赞美要及时

当人们做出了成绩，或者做了件有益于组织或公司的好事时，最希望被人知道，及时得到人们的赞美，这不是虚荣心的表现，而是正常的心理活动。而且心理学表明，人们的这一期待心理是有时间期限的，得到的赞美越及时，人们越容易受到鼓舞。如果拖延数周，时过境迁，迟到的表扬就会失去原有的味道，再也不会令人兴奋与激动。所以，要记着把你的赞美及时送达对方的心里，哪怕是有了一点小小的进步，也不要忘记及时向他们表示你的赞扬。

2.赞扬的态度要真诚

赞美必须真诚。每个人都珍视真心诚意，它是人际沟通中最重要的尺度。英国专门研究社会关系的卡斯利博士曾说过："大多数人选择朋友都是以对方是否出于真诚而决定的。"所以在赞美对方时，你必须确认你赞美的人的确有此优点，并且有充分的理由去赞美他。避免空洞、刻板的公式化的夸奖，或不带任何感情的机械性话语，这样会令人有言不由衷之感。

3.赞美要具体

赞美时，要针对他们所做的事情，而不是针对人，哪件事做得好，什么地方值得赞扬，说得具体些，才能使受夸奖者产生心理共鸣。比如"你设计的方案结尾的地方很有创意"。如此一来，他便知道哪里做得好。倘若你进一步夸赞其内在特质："结尾做得很有创意，可见你是个很有创意的人。"就更能提升下属的心理满意度。相反，如果你对任何人都用一样的赞美之词，使用空洞、刻板的公式化的夸奖，或不带任何感情的机械性话语，那么时间久了，你的赞美之词就成了乏味的唠叨。

总而言之，赞美是一种不需要任何投资的激励方式。我们千万不要吝啬自己的语言，真诚地去赞美每个人，这不但会让别人更加欣赏你，喜欢与你相处，从而提升个人形象，还可以增强自己的气场能量，更是促使人们正常交往和更加努力工作的最好方法。

不懂幽默之礼，你的气场就弱了

幽默的语言风格是人的内在气质在语言上的外化，是现代人必备的文明素质，是社交中不可缺少的润滑剂。幽默风趣的谈吐，显示出个人的过人的才智和乐观的心态。

在日常交际中，幽默为人们之间的互相沟通、化解矛盾和拓展人脉提供了很好的帮助，减少交往中的摩擦，从而让人际关系更加和谐。幽默给我们带来的轻松愉快，让郁闷的情绪会得到缓解。笑对生活，生活就会变得更好，这正是幽默给我们带来的强大气场。

幽默可以通过让大家都笑的方式来弥补人们之间的思想鸿沟，连接起感情沟通的纽带，让人们之间彼此更信任，化干戈为玉帛。幽默在解决各种矛盾和问题的时候，能很好地发挥它的作用。

幽默能让生活充满情趣，没有人愿意和郁郁寡欢的人接近，可是人人都喜欢和机智风趣者交往，因为他们的幽默能让人感受到快乐。一位心理学家曾说过："幽默是一种最有趣、最有感染力、最具有普遍意义的传递艺术。"还有人说过："不懂得开玩笑的人，是没有希望的人。"这些都证明了幽默对我们生活的重要，所以，在生活中都应该学会幽默。

处理问题灵活做到对不同的问题有不同的回答，既让人们觉得幽默而又不落俗套，这才真正体现了幽默的魅力。当我们把自己的洞察力提高了，就可能寻找到生活中其他人观察不到的幽默。

恰到好处的幽默所带来的感情冲击力是很巨大的，它有足够的能量来消除人与人之间的误会和纷争。所以，沟通过程中，幽默也是富有感染力和人情味的。

美国总统林肯在一次演讲中，当他正讲得起劲儿，这时突然人群中有一位不知名的先生给他传来了一张纸条，林肯打开一看，让他出乎意料的是，纸条上竟然只有两个字——“傻瓜”。当时，旁边的很多人都看到了纸条上的字,他们都看着总统,看他究竟如何处理这样的公然挑衅。

只见林肯略作沉思，然后他便微微一笑地对大家说：“其实本人至今已经收到了很多匿名信，可是全部都只有正文，没有署名，而今天的这个正好相反，这张纸条上只有署名，没有正文！”他的话刚刚说完，大家都为他的机智和幽默而鼓起了热烈的掌声。而那位写纸条的人则混入人群中灰溜溜地逃走了。于是，整个会场的气氛便由紧张变得轻松，林肯开始继续进行他的演讲。

林肯在如此紧急关头，只用一句机智幽默的话不仅扭转了会场的紧张局面，还显示出林肯过人的才智和好的文化修养，为自己的气场增添了光辉。

要学会幽默，不但要有意培养自己敏锐的观察力和丰富的想象力，同时还要提高自己的文化修养和活用典故、笑话的能力。

幽默是生活的调味剂，有了它，我们的生活会更有滋味。当然，调味剂毕竟是附加使用的，不可滥用。这就像用盐一样，用得适量能让我们的菜味鲜美，而用得太多就会让人难以下咽。所以，在交往的过程中。幽默用得恰到好处，这才能发挥它的魅力。

其实，幽默不单单是一句话或一个故事，它更是一种生活态度，一种生活方式。幽默感越强的人，越能笑对生活，越能给自己带来强大的气场。我们可以通过幽默的方式，将自己的气场传递出去，感染我们周边的人。

保持和谐气场的最佳距离

在社交中，人与人之间交谈的距离和角度，是表示双方之间的关系是否亲近、是否友好的重要标志，因此，在交谈时选择恰当的交往距离对表现礼仪来说至关重要。

而交往距离就是个人的空间气场，需要一定的距离来维护。一方面，对方不会因为太过疏远而淡忘，或者是因为过于亲密而惶恐。另一方面，适度的空间和距离能够让自己产生“安全感”。气场强大的人之所以能够保持健康、良好的人际关系，就是因为他们懂得与他人之间保持合理的距离。

法国总统戴高乐有一句座右铭：“保持一定的距离！”由此可见，他是一个很会用交往距离维护个人空间气场的人。

在与顾问、智囊团和参谋们交往的过程中，戴高乐始终与他们保持适度的距离。在任职总统期间，戴高乐的秘书处、办公厅和私人参谋部等顾问和智囊机构从来没有工作超过两年以上的。每当有新的办公厅主任走马上任，戴高乐总是说：“我只使用你两年，人们不能以参谋部的工作作为自己的职业，你也不可能终生从事办公厅主任的工作。”这就是戴高乐的规定。这一规定出于两方面的考虑：一是他不想让自己养成依赖这些人的习惯。戴高乐非常独立，而且行事果决，他绝对不会让自己依赖于某些人。只有保持一定的距离，才能杜绝顾问和参谋利用总统和政府的名义营私舞弊，才能保证他们的意见具有新鲜感和朝气，而调动无疑是保持距离的手段。二是在他看来，固定是不正常的，而调动则是正常的。这种想法来自部队的做法，军队始终是流动的，从来不会固定在某一个地方。

戴高乐的做法非常值得人们借鉴。要知道，对于一个领导而言，没有距离感，或者决策的时候过分依赖某几个人，有百害而无一益。正是因为这样的规定，戴高乐手下的人都非常敬仰他，关于他的流言蜚语更是少之又少。戴高乐把握好了距离，因此树立了长久的威信，成为一个具有强大气场的好领袖。

美国人类学家爱德华·霍尔博士进行了更深一步的研究，将人与人之间的距离分为四类。

1.公众距离

一般情况下，这个距离指的是公开演说时演说者与听众之间的距离，其远范围在 7.6 米外，近范围为 3.7 ～ 7.6 米。这是一个几乎能容纳所有人的空间，人们对处于空间中的其他人可以做到熟视无睹、淡然处之。这是因为彼此之间未必发生联系。所以，这个空间的交往大多是诸如当众演讲之类的。假如演讲者试图与一个特定的听众谈话，他就必须走下讲台，使两个人的距离缩短为社交距离或者个人距离，能够进行气场的接触与融合。只有这样，才能够实现有效沟通。

2.社交距离

在正式社交场合中，人们之间更习惯于保持社交距离。这个距离体现出一种礼节性或者社交性的较正式关系。通常，在工作环境和社交聚会上，人们保持这种距离，其近范围为 12 ~ 21 米。

办公室距离是一种更加正式的交往距离，其远范围为 21 ~ 37 米。很多大公司的经理喜欢用宽大的办公桌，其目的就在于将来访者的座位放在离桌子有一段距离的地方，这样就能够与来访者保持一定的距离进行谈话。工作招聘时的面谈、企业领导者之间的谈判、教授和大学生的论文答辩等，为了营造出庄重的气氛，一般都要隔一张桌子或保持一定距离。

3.个人距离

这是人际间隔上稍有分寸感的距离，很少进行直接的身体接触。个人距离的远范围是 76 ~ 122 厘米，所有熟人和朋友都可以自由进入这个空间。个人距离的近范围为 46 ~ 76 厘米，正好能相互握手，友好交谈。这是与熟人交往的空间，陌生人进入这个距离会使别人产生被侵犯的感觉。但是，在一般情况下，陌生人之间谈话更靠近远距离（122 厘米）端，而较为融洽的熟人之间交往时保持的距离则更靠近远范围的近距离（76 厘米）一端。

4.亲密距离

这是人际交往中的最小间隔，人们通常用“亲密无间”来形容它。其远范围是 15 ~ 44 厘米，身体上的接触可能表现为促膝谈心或挽臂执手，体现出亲密友好的人际关系；其近范围在约 15 厘米之内，彼此间可能肌肤相触，以致相互都能感受到对方的体温、气味和气息。

当然，人际交往的气场距离也会发生变化。随着具体情境、交谈双方的性格特征、关系、文化背景、社会地位、心境等因素的变化而变化。

总之，你可以有意识地选择与人交往的最佳距离，通过气场距离的信息,不但可以展现自己的礼仪风貌,还可以深入了解一个人的性格特点、实际社会地位以及人与人之间的相互关系等，以便更好地与之交往。

少谈些自己，多谈些他人

“哎哟！累死我了！逛了一天，总算淘来几件宝贝！过来看看怎么样！”你回到家里，就跟居住在一起的朋友念叨。事实上，他在家里也做了点儿什么事，正想跟你说说呢。当然，他会愿意看看你的东西，为什么不把这个机会先给他呢？

这样的话，你可能会得到更多的东西。人们总是喜欢说自己的事，自己喜欢的事，而对那些与自己不相关或者不喜欢的事，总是提不起兴趣。但是，如果总是一味地谈自己，那么你就会招人讨厌。亨利·福特二世说：“一个满嘴‘我’的人，一个独占‘我’字，随时随地说‘我’的人，是一个不受欢迎的人。”

在交际礼仪中，如果你的“我”用得太多，那么，对方就会感到你有些自以为是，说话无礼，哪里还有什么气场可言。对方听到之后，感兴趣的会和你说两句，不感兴趣的自然转身走人。时间一长，“我”的标榜，就让你和别人之间有了无形的障碍，不利于我们友好人际关系的形成。

或许你会听到这样的评价：“那个人很自我，清高，装……”是的，也许你自认为你很漂亮、很有魅力、很有修养，但如果别人不这么认为，那么你就算再美好，也不会得到别人的认同！

所以，如果你想成为一个受欢迎的气场强人，就少谈些自己，多谈些对方。忘记你自己，然后关注对方谈论的问题。这样，对方才能感受到你的尊重，并乐于说出自己的想法，而你通过与对方的谈话，可以引导一下自己喜欢的话题。

当然，你可以遵循这样的谈话礼仪，在他人面前展示自己的礼貌与修养。

1.让对方先说他自己

把谈话的主动权让给对方，那么你会发现，虽然你是被动的，但魅力十足。因为一番谈话下来，你会了解对方更多，更知道如何与对方交谈。当然，你的态度应该是热忱的，不要假装热情，不要让人一听就觉得你很虚伪。这样就会弄巧成拙了！

2.多用"你"和"您"

虽然谈话的内容一致，但在语言上，你可以这样做，很快就会赢得对方的好感。比如，"我以你为荣""您怎么看""麻烦您""谢谢（你）"……在所有的人称代词中，最次要地位的就是"我"，最重要的就是"您"。

3.把"我"换成"我们"

如果对方把谈话的主动权让给了你，那么，必然少不了"我"的使用，但是，你可以把"我"变为"我们"，对方听到后，自然会乐意接受你的话。

另外，在做演讲的时候，你想和你的听众拉近距离，那么"我们"是个不错的词汇。比如，"现在，我们来做一个话题游戏，哪位愿意先发言？"这样，气氛很快就活跃起来。

总之，沟通本身就是一种互动，不管多么优秀的人，也要互相说才能得到交流，一个人的语言魅力和气场吸引力才能得到自由的发挥。否则，没有听众，任你如何说，也不会有任何效果。

说话磨叽，为气场减分

每个人都有一条舌头，但是说出来的话分量不一样。有人说话简洁精练，让人一听就懂，有的人说话磨磨叽叽，半天也没讲清要说什么，听者也会云里雾里。说话磨叽的人，往往会给人以反应慢、决断能力差的感觉，同样一句话别人说可能就会达到自己想要的效果，但是，磨叽的人说很多遍，别人也不屑一顾。这样，只会冲击掉话语的力度，减弱你的气场。

所以，如果你想要别人听你的话，重视你的话，那么，说话就别磨叽。说一遍，别人会认真地听一下，说第二遍，那么别人就会想，“刚说了，我已经听过了”。说第三遍，别人就会想，“有完没完”！

没有人喜欢磨叽的人，因为人脑对信息的接收在第一时间是认可，重复多次就会厌烦。磨叽人说的话，别说气势，就算听也懒得听。如果在你身上总是出现别人忽视你的话，或者厌烦听你的话的情况，那么，就不要再说了，一句话说完表达完整就终止，不管这件事是多么重要。

想要改变自己说话磨叽的毛病，增强个人气场，可以尝试以下三种方法。

1.说话前经过深思熟虑

磨叽的人往往不是没有自己的主见，而是他思虑不全。所以，说出的话才会颠三倒四，不断地改变自己的意见。说的话的确不少，但没有一个中心，甚至前后矛盾。所以，不要冲动说话，不管是大事还是小事，决定时就思考全面，不要更改。

2.先说大，后说小，言简意赅

有两件事你都要说，那么先说重要的那件。这样很快就会引起对方的重视，然后小的那件作补充。这样，说话重点和次序就会显现出来，不会让人感到无序和不受重视。

当然，不管什么事情都不必面面俱到，因为你说的事情对方可能知道了，所以，强调重点，如果对方有疑问，继续问你就可以了。

3. 对自己的话负责，让自己一言九鼎

想要别人重视你的话，那么你先要对自己的话负责，一言九鼎，少说多做，不要让你的话成为口水。值得注意的是，避免随意改变自己的意见和初衷，因为后来的改变会让你原来的话成为废话，让对方莫衷一是，最终质疑你所有的话，你的话就没有了执行的力度。

比如，两个人约好去做某件事，对方很慢，你催促一两次后，他仍然没有到，那么，你就不要等下去了，自己单独去做即可。这样，他不会怪你，因为是他错了。否则，你永远是那个不断催促人，不断等人，不断被厌烦的那个，即使对方做错了。

总的来说，说话欲望是人的天性，为了保持自己说的话有含金量，还要时刻更新自己的大脑。毕竟，如果你的大脑只有单调的一件事可说，那么，无论你怎么郑重地说，都会让人对你很不耐烦。

讲话看对象，实现气场相融

日常生活中，会遇到各种各样的人，讲话要看对象是非常必要的，否则你与他人的交流势必会出现沟通问题。试想，如果与斗字不识一个的农夫之乎者也，与品位高雅的儒士背后流言蜚语，气场不同，这必定造成语言障碍，无法顺利沟通。

如何说话能形成自己独特而又有力的气场就显得尤为重要。只有讲话看对象，找到双方语言气场的契合点，才能为双方之间的交往锦上添花。

我们从这“鬼话”扩展开来，这“鬼”其实就括指各种的形形色色的人，这“话”包括说话时的语气、方式、风格，还有说话内容。一个人和家里的人说话，会觉得谈话很是自由，也能侃侃而谈，东拉西扯也无须顾忌。可到了单位，对上司和同事又是截然不同的说话方式了，在上司面前你是严肃的；在同事面前你又是自由的；在陌生人面前你说话会多少带点防备；在熟人面前，你不但觉得亲切且话语充满轻松。讲话看对象，这样才能使一个人更好地与人沟通。

靠自己成功，就需要你根据周围的环境随时转变自己的角色，讲话内容依对象而定。

说话要看对象，是一个常识，也是一个原则，说话有没有效果，就看你对这两方面的把握。正如射箭要看靶子，弹琴要看听众，写文章要看读者群，说话更要看听众，才能顺利达到说话的目的和效果。

传说孔子所乘的马车压坏了农民的庄稼，他们的马被农民扣下，孔子的弟子去理论若干次也不能讨回，就算是赔了钱，农民也不把马还给他。最后，孔子让马夫去找那农夫说说。那马夫只对农夫说道：“你不是在南海耕种，我不是在北海行走……”农夫听了，一文钱也没要就把马还给了马夫。那几句话的意思就是：舌头哪有不碰牙的……就这么简单的几句话，就收到了最佳的效果。

孔子的弟子去理论，之乎者也的，农人肯定听不懂，也听不进去。

所以，讲话看对象太重要了。这就要求我们必须根据不同的对象、不同的场合来采取不同的言语方式。

1.与年幼者交谈，态度应深沉、慎重

对年幼者而言，长大对他们来说总是有无穷的吸引力。他们对长大有一种很理想化的期待，语言不可避免地带着幼稚的色彩，语言气场也就充满了激越的能量，处在一种不自觉的扩张状态里。

我们与年幼者可以多谈一些他们感兴趣的事物，让他们相信我们是设身处地从他们的视角出发，从他们立场来观察事物的，从而让他们能明白我们也有与他们一样的观念。这样，双方的气场才能很快地交融。

另外，在年幼者心中，年长的我们就是权威。我们的态度对年幼者会产生巨大的影响。与年幼者交谈时，要注意尽量不要打破他们的梦想，使其积极性受到伤害，同时不要让自己的话超过他们的知识范围。

2.与年长者交谈，态度要谦虚

对年长者而言，年轻人在他们眼里都是幼稚的。经过了几十年生活与职场上的风风雨雨，年长者无论从阅历上还是从气场上都有着充分的积累，他们对世事有着独到的见解，这些都是我们需要学习和借鉴的。我们要尊重长辈，在与长辈对话的时候，要尽量保持谦虚、恭敬。尽管长辈可能会用压迫性的语言气场来与我们交流，可是他们获得的经验，却是我们凭借一时的聪明学不来的。

另外，跟年长者交谈的时候，要尽量避开他的年纪，这是年长者心中最大的忌讳。虽然通达了世事人情，但年长者对于逝去的青春总是有一种追回情结。承认自己年纪大，是他们最不愿意做的事。

同时年长者比其他人更容易激动，在年华已逝的今天，谈论自己当年的丰功伟业是他们最喜欢做的事。他们常喜欢人家来求教他和听他的劝告，喜欢被人尊敬的感觉。

3.与地位高者交谈，保持自己的个性

对位高权重的人而言，赞美之声是最常见的。这时，如果还要用尽全身力气去抬高对方，往往会适得其反，而保持自己的个性才是最佳选择。

除了上述几个类型的人之外，我们还可能遇到其他类型的人。不管对方是什么人，我们尽量要做到讲话看对象，迎合对方气场并实现气场和谐交融是说话办事的关键，也是我们在职场、商场左右逢源、应对自如的保障。

完美拒绝，做气场加法

在与他人的交际礼仪中，我们可能常常会遇到这样的事情，为不好意思而轻易许下的承诺疲于应付；因不好拒绝而有求必应，从而被认为是个可以一再麻烦的人，因怕得罪对方，而怯于拒绝，结果弄得自己没有丝毫闲暇……如果真的有这种情况出现，那么就是学习完美的拒绝，做好气场加法的时候了。

《三个火枪手》里有一句名言叫作“人人为我，我为人人”。要求每个人都要为自我着想，每个人都要为他人着想。很多时候我们没有能力也没有精力去解决别人的困惑，很多时候我们自己需要休息，很多时候我们真的无法承诺，这时候我们就要勇敢地学会说“不”。但是要讲究一定的艺术。如果生硬地拒绝别人，不仅使对方陷入尴尬的境况，还会让对方觉得你是一个不懂分寸、不知礼数的人，这样只会让事态向更坏的方向发展。此时，我们应该采取一些语言技巧，礼貌委婉而又不伤面子地将拒绝说出口。懂得如何礼貌委婉地拒绝，这本身就显示出一个人不俗的气场。

乔治在一家公司工作了很多年，但一直没有升职。这次公司出现了一个空缺职位，乔治抱着很大的期望向上司提出升职的申请。但是公司经过考察，并且多方权衡，一致认为他的能力还不能胜任。可是要拒绝一位对公司忠心耿耿的老员工是非常不容易的事。这件事情如果处理不好，可能会打击乔治的工作热情，甚至损失一位对公司忠诚的员工。

上司是这样对乔治说的:“是的,乔治,我理解你希望得到提升的心情。可是，要得到提升，你必须先使自己变得对公司更重要。现在，我们来看看对此你还要干点什么。”

这样婉转的说法乔治就接受了。虽然不能满足约翰的要求，但是他告诉乔治努力的方向，使后者始终看到希望。

当一个人遭遇拒绝时，他的气场中就会不可避免地散发出负面的能量。如何得体又不失风度转化这种负能量，就是我们需要思考的。在不能满足别人的要求时，可以给出建议，显示出愿意帮助对方和关心对方的诚意，这样的拒绝易于取得对方的理解，同时还能提升自己的个人气场。

不要害怕拒绝会得罪对方,只要你采取的方法正确,对方仍会尊重你。下面的几个小窍门有助于提升我们拒绝他人的艺术。

1.少用“不”

除了你的父母、妻子、丈夫外，不管是谁，顺口而出的“不”都会让对方恼火,觉得丢面子,人家心里恐怕还会想,我是看得起你才会求你!竟然这种态度!

所以，不管对方是小事求你，还是大事求你，都要把你嘴边的“不”去掉。最好的方法是，思索一下，告诉他“我尽力”，或者“当我决定后，会给你打电话”。

2.听清楚对方的困难

不管你多么忙，有多重要的事情，当对方请求帮助的时候，你也要耐心把他的问题听完，再作决定。直接打断别人说话，或者没等对方说完就拒绝别人，肯定会招来对方的怨恨。

听清问题后，不要立即拒绝，尤其当着很多人的面，这会让他难堪。比如，上级布置的任务，或对方是自尊心强而敏感的人，最好多思考一下，采用“不肯定”的方式回答，那么对方就会心领神会了。

3.及早拒绝

如果你做不到他要求的事情，当你决定后，一定要在第一时间给他消息。否则，当他把希望寄托在你身上，而你又没能帮他完成，你就耽误了他的事情，连他再去补救的机会都没有了。所以，虽然当场拒绝会伤面子，但是事后拒绝也要尽量提早。

4.说明你的原因，语气温和坚定

既然要拒绝别人，你就要说出你的苦衷，告诉对方为什么不能答应他。交往本就是相互理解的事，知道你情有可原，自然他也会体谅你。如果不解释，对方就会认为你是故意不帮助他，那么他肯定会对你“怀恨在心”。

5.事中参与，事后关心

拒绝虽然是当时的，但是拒绝之后，你需要关心对方，为他出谋划策。拒绝本身就是一件“伤害”的事，所以你要尽量去做你能做到的事。一般来说，如果对方正处于困境，那么你的安慰和支持是很重要的。虽然你没有能力帮助他，但是因为你的热心，他也会感激你。

这样做，一方面可以让对方产生一种把我们逼到墙角的心理优势，让对方的气场呈现扩张的趋势；另一方面为对方设身处地地着想，表现出我们确实是很为难，想帮忙而帮不上。这时，对方就会在心里想：“我已经把他逼到最大限度了，他还不帮忙，不是因为他不想帮，而是因为帮不了忙。”

另外，需要明确说出我们的理由、难处。这时候我们的气场要足够强，要有理直气壮的感觉，用气场去说服对方，才能让对方容易接受我们的理由，而不是怀疑我们的话只是一种推脱和敷衍。

完美的拒绝可以起到这样的效果：虽然实际上没有帮忙，却表达了想要帮忙的意愿，甚至把不能帮忙当成一种令人遗憾的事。强调帮忙表达希望，即使拒绝了他人，也不会得罪他们，损害自己的气场，甚至可能增加对方对自己的好感。

Chapter 7

第七章
职场小礼仪：职场顺，气场顺

职场是一个人走向独立、走向成熟的重要阵地。初涉职场，一定要做到“情”“礼”交融，散发你的职场魅力，强大你的职业气场。

气场越强大职场越成功

如果仔细研究那些成功的人，我们可以轻易地发现他们的共同点：足够强大的气场！而且气场越强大的人，成就越大！但是我们也很容易发现，气场总是与一个人的政治地位、经济地位、社会地位密切相关的。在看不到炮火连天却硝烟弥漫的商场和职场更是如此。许多企业和企业家的成功，其实与这个企业和企业家的气场是密不可分的。

万科的成功，可能会找出无数个原因。但如果说万科没有王石，可能就会是另一番的情境。正是因为王石强大的气场使他能在商场呼风唤雨，风生水起。

20世纪90年代初，北京的房地产业刚刚起步，北京的主要几家报纸受命盘点房地产发展的情况，万科有幸被排在十家房企采访之列。当时很多房地产大佬根本不把万科放在眼里。但采访完后，一切都改变了。接受采访时，其他九家房地产大佬像商量好的一样，穿的都是黑西服、白衬衫、红领带，梳着大背头，抹得亮亮的。办公室也差不多，落地窗，红木家具，红木书柜，里面摆着《管理者大全》、《房地产全书》等，书一看就是新的，没有翻看过。这九个领导坐的姿势都像是排练过似的，把胳膊放这儿，身体微侧。他们讲的话就像统一了口径一样，开拓进取，不断创新云云。

但是，在采访王石时记者们眼前一亮。王石没有在办公室接受采访，因为他的办公室在东三环一带破旧的二层小楼里，那一带就是农村。他把记者约到了香山脚下，他穿了一套白色运动服、白色运动鞋。大家一看，终于找到一个不一样的人了，看看说话怎么样。王石说，你们很不容易，每天在城里呼吸着汽车的尾气，工作压力这么大，天天堵车把你们弄得很郁闷。你们到香山来采访我，也算是散散心。记者一听，心中很舒服。爬山过程中王石说，经营企业就和爬山一样，爬山过程中可以后退可以前进，但是你要有足够的斗志就能够爬到顶点。企业经营虽然有很多困难很多问题，但只要有必胜的信念，爬完这座山就柳暗花明了。记者听完后，觉得这个人讲话太有意思了。爬到山顶时王石又说，我们的前辈给北京盖的这些房子都坚固耐用，非常了不起，但是你看北京的房子都缺少亮色，我们万科从深圳来就是给北京增添一点亮色。爬完山以后他说，山有波澜起伏，我们企业也会有波澜起伏，你不能爬到一个坡路就说香山是一个大坑，你不能爬到一个高坡就说香山是一个土坡，你一定要爬到山顶才能看到全景。记者觉得他的话太有哲理了。不过是爬了一次山，但这些记者全都被王石的魅力所征服了，对他佩服得五体投地。

第二天报纸一出来，大家发现排在30多名的万科占了十一家报纸头版90%的篇幅，另外几位差不多的只被点了个名字，就是“这次采访的还有某某某”。这九个大企业的领导生气极了。

爬山后王石尝到了甜头，此后他还不停地给记者曝料。后来他又带领大家去爬华山，他说自古华山一条路，今天我要带你们走另一条路爬上华山。果然，记者们从第二条路爬上了华山。爬完山后他问，你们说中国的房地产有几条路，记者说就一条路即国有企业，他说你们错了，还有一条路民营企业。这下，记者被他征服了。第二天，《光明日报》第三版标题是：自古华山还有第二条路，即中国民营企业进军房地产大有可为，里面都是讲王石怎么怎么样。

王石带着复旦大学的一名教授爬了泰山，爬山过程中复旦大学的经济学教授不停地给大家讲，你看王石这个企业家整天地游山玩水，企业还管理得特别好，所以他的管理哲学值得大家学习。记者下山后觉得像中魔了一样，天天翻着王石的管理哲学不停地报道。就这样，万科在王石强大的气场里飞速强大起来，一举成为民营房企的“老大”，王石也成为最具魅力的商界传奇。

可见，气场越强大，就越能取得成功。综观那些成功的企业和企业家，有几个不是赢在气场、因气场而成功的？像中国民众中最有气场的中国企业家——海尔的张瑞敏、联想的柳传志、搜狐的张朝阳、长虹的倪润峰、中信泰富的荣智健、万向的鲁冠球、“娃哈哈”的宗庆后、东方集团的张宏伟、UT 斯达康的吴鹰……

不仅仅是企业界，不论哪一行、哪一业，成功的人总是那些气场强大的人。

如体育圈中，篮球明星姚明，曾在美国杂志评选的全球体育界最有气场人物中排第 25 位。全美知名体育专业杂志《体育新闻》对他的评价是：他从锐步那里拿走了像勒布朗·詹姆斯一样数目的钱。而随着 NBA 在中国市场扩张，姚明成了这个世界上人口最多、经济发展最迅猛国家的乔丹式人物。

而在娱乐圈，身着龙袍出席戛纳红毯的范冰冰“范爷”的气场非同一般，一出场，便吸引众人眼球。

在文化圈，年轻的韩寒更是一个异类。从他的《杯中窥人》横空出世开始，他的新书一上市即遭疯抢，他的粉丝日夜增长，从最初的大小学生到如今的青年、中年甚至老年高知，都成为他的坚定的支持者。当初他新开博客时，只一个简单的“嘿”字，就达到上千万的点击量，而如今他的博客点击更是高达4亿之多，可以想象韩寒在网民中的影响力。他的这种影响力，正是源于他自信的心态、独立的思想和敢说敢做、不屈从于世俗的魅力。

气场决定一个人的影响力，而影响力决定一个人的魅力、威力、控制力、感染力和领导力。凡是那些一呼百应、受到大家欢迎和支持的人，都是气场强大的人，也是最容易成功的人。职场也是一样。职场中那些晋升很快、发展迅速的人，大多是气场强大的人。他们往往比其他人更明白自己应该干什么不应该干什么，比其他人更具备强大的进取心和忍耐力，比其他人更易受到大家的欢迎，也比其他人更具有影响力和控制力，因而他们理所当然地比其他人更成功。

气场越强大，越容易成功。不管你的人生目标是什么，如果你能通过修炼而成为具有气场的人，那么，你就能够更快、更有效地实现你的目标，取得你想获得的成功。俗话说“好风凭借力，送我上青云”，气场就是这样的“好风”，只要善于运用它，成功必定指日可待。

注重礼仪，用修养和魅力打造职业气场

心理学大师拿破仑·希尔博士说："真正的气场魅力来自人们所忽视的礼仪修养。"

"人无礼不立，事无礼不成，国无礼不宁。"孟子说过以礼仪处世是一种高贵的品质。历史上但凡是贤士居多的朝代，都是君王礼待下属的结果。这些被君王以礼相待的"贤人"最终也是以身相报，不辞一切的。但是这些贤士也是君王的贵人，如果没有刘备的"三顾茅庐"，就不可能有诸葛亮的鞠躬尽瘁，也很可能就不会有"三国鼎立"，如果不是信陵君的礼仪有加，侯嬴又怎会以身相报？"敬人者，人恒敬之，爱人者，人恒爱之。"只有那些任何时候都以礼相待别人的人，才是气场最强，追随者最多的人，而他们也往往是最能成事的人。

所以，要想自己的职业气场吸引到周围的人，就要让更多的人认可自己，让自己成为优秀员工，这就需要职业人员去提高个人魅力的"磁性"，这个"磁性"正是由个人的礼仪塑造的。

央视版《西游记》被传媒和观众奉为经典，其中有一段剧情挺有趣：师徒四人来到一片荒山，唐僧让八戒去探一探路。八戒非常不情愿地出去问路，他见一老妇人便问："喂，老妇人，这条路怎么走啊？"村妇听完以后，非常生气，操起手里的扁担就要打八戒。最后，还得悟空出马，悟空化成一个彬彬有礼的小和尚，上前对妇人施礼，问道："嫂嫂，请问此路是什么去处？"妇人很是客气地回答了悟空。

妇人能帮助师徒四人指明方向，可见，妇人这一刻就是他们的贵人。八戒疏忽礼节，粗鲁地向妇人问路，妇人当然不会高兴，更不会帮他的忙了；而悟空出于对妇人的尊重，他就变成了小和尚，问话的时候还非常礼貌，妇人就会很乐意地为他指路了。可见，礼仪能让自己散发出足够的魅力，别人就会认可你，愿意助你一臂之力。

"礼"是一种内心的秩序，就如同任何会议都要有规则一样。职业人员如果守好这个规则，一定会引起别人的注意。拿破仑·希尔说："礼仪其实是个奇怪的气垫，它里面可能什么也没有，却能奇妙地减少颠簸。"

一位著名的作家雇用了一个没带任何介绍信的小伙子到他的办公室做事，作家的朋友挺奇怪一向谨慎小心的作家这次怎么毫不防范。作家说："其实，他带来了不止一封介绍信。你看，他在进门前先蹭掉脚上的泥土，进门后又先脱帽，随手关上了门，这说明他很懂礼貌，做事很仔细；当看到那位残疾老人时，他立即起身让座，这表明他心地善良，知道体贴别人；那本书是我故意放在地上的，所有的应试者都不屑一顾，只有他俯身捡起，放在桌上；当我和他交谈时，我发现他衣着整洁，头发梳得整整齐齐，指甲修得干干净净，谈吐温文尔雅，思维十分敏捷。怎么，难道你不认为从他身上表现出来的这些礼仪和修养就是极好的介绍信吗？”

德国有一句谚语：“脱帽在手，世界任你走。”有礼仪不一定总能为你在职场上带来好运，但没有礼仪却往往使你与幸运擦肩而过。在职场上，懂得用礼仪塑造“磁性”人格魅力的人，就能够聚集众人的气场力量为己所用，他们的职业气场也会很强。

其实一个人气场的最大源头是自己的内心修养，而这些东西是通过人的外在形象来表现的。因而气场实际上是一个人的修养和魅力发自于内而形之于外，通过形象、语言、神态、举止等表现出来，感染和影响别人的。修养和魅力不仅仅是礼仪，外在形象更能放大内心气场，让气场发散出来。所以，我们要注意自己的外表，因为外表是气场最直观的表现，也是最容易被别人感受到并被打动和感染的一种气场。

穿着是你强大气场最有力的表现。即便是一个本身气场相当强大的人，若你的衣着打扮与你的气场不匹配，也极有可能削弱你的气场，而且别人的感受也会非常明显。因而，想要塑造自己的强大气场，对于衣着打扮，切不可忽视。

有一次，亚里士多德应邀参加一场宴会。最初入场时，他穿了一件普通的衣服，会场上根本没有人注意到他，别人对他的态度都很冷淡。亚里士多德疑惑地说：“为什么他们都这个样子？难道，我这个哲学家就这么被人轻视吗？”

他在镜子里看到了自己的形象，这才意识到，自己和其他宾客的差距着实太大了！于是，亚里士多德连忙出去换了一件崭新的皮大衣，重新回到宴会上。天哪，一切都变得不同了！主人的态度非常殷勤，他邀请客人们纷纷向亚里士多德表示敬意，并前来向他敬酒。

见此情景，亚里士多德大笑着说："看来，是我的这件大衣让我成了全场的焦点，它可真是我的好兄弟！所有的理解和赞美都是冲着它来的，它才是今天的客人。"

也许，亚里士多德并不喜欢这样的转变，不过他必须承认一个事实：形象好的人就是比较受欢迎，形象的确能够影响一个人的气场。如果你渴望得到他人的关注，渴望自己变成一个气场强大的人，就必须从现在开始注意自己的形象，加强自己的修养，使自己拥有强大的气场，通过自己的礼仪、修养和外在衣着打扮塑造自己良好的外在形象，从而将内在的气场散发出来，让所有的人都感知到，你就是气场最强的那个人。

职场新人让自己一开始就与众不同

很多人对工作都有一种消极的想法：从职场菜鸟混成老油条，只要日子平平安安地过下去就行了。至于事业发达嘛，那就是老天爷赏不赏脸的事情。要是没那个好福气，也就这么过吧，反正又死不了。

正是这种想法，让很多人即使工作上没有出现什么大问题，也总是不得意。尤其是看到旁人都纷纷提升，日子越过越好的时候，心里的酸味只有自己知道了。所以，为了不使老来后悔，不如此时此刻就打造完美的气场，让我们在职场能够游刃有余。

1.新人谋定而后动

职场新人容易热情高涨，有初生牛犊不怕虎的气势，这是好事。但是，这样也会因为冲动而带来不利的影响。所以，职场新人一定要早在入职之初就做好准备，谋划自己的职业生涯发展路线，这样才能打好基础。

职场新人一般都会面对几个月的试用期，来观察你能否真的和工作相匹配，只有能够胜任目前工作的人才有可能真正拥有一份工作。大多数公司的试用期并不长，一般都是一到三个月，所以这个期间是关键，一定要给人留下好印象。

着装要大方得体，不能太随便，还像在学校时候一样学生气很不合适；

和每个人微笑，不管你是否认识对方；只要有机会，就多记住一些同事的名字或者称呼；对公司里的情况要了解，不仅仅是运作情况，还包括公司的饮水机、打印机在什么地方，这种细微之处最能体现一个人的责任心。

初入职场，要知道哪些工作是应该最先完成的，哪些可以往后排，当日事必须做到当日毕，最好还能超前一点。职场新人最重要的是要有责任感，不管发生什么状况，都不能懈怠了责任。否则，一旦出现差错，老员工最多是扣奖金，而新人只有走人的下场。

作为新人，一定要谦虚谨慎，多向人请教，不要怕自己的问题太愚蠢。因为，现在你还可以问一些简单问题，过了试用期，等你再问或者因为不知道而犯了错，那就不可原谅了。能够在入职初期适应企业的整体文化氛围，你就能站稳脚跟，对你今后的发展就越有利。

2.防止人才“折旧”

等你开始了你的工作、你的事业后，可能会因为时间的关系，而对各项工作驾轻就熟。这个时候，你觉得自己的好日子开始了。不用再起早贪黑地加班，也不用担心和同事相处的矛盾，甚至你身边有了更多新人，你已经成了受人尊敬的老员工了。

然而，这些都不意味着你可以放弃学习，恰恰相反，你的工作年限越长，你越要看重学习。以前上学的时候，你为了能毕业，为了得到奖学金，被压迫着学习，而今你应该为了职业生涯的更好发展而努力学习。这是一个发展的社会，科学技术日新月异，一旦你脱离社会知识的发展速度，你就会被别人甩在后面。所谓停步不前就是退步，因为人人都在进步。

人类已进入了一个终身学习型的社会，人才处于不断的折旧中，而防止人才折旧的最好方法就是学习。如果你不信，可以看看身边比你小的年轻人，他们一定知道得比你多，想法也比你丰富。尽管此时此刻他们不能逾越规矩，不能凌驾于你之上，但是他们的前进迟早会把你踩在脚下。这就是为什么上个世纪末工商业发展迅猛时，大批中年职工下岗的原因。

有些公司在新员工一开始工作的时候就会进行培训，这就是看中了知识发展的关键。其实，不但新员工要培训，老员工也要积极参加培训。公司内部的培训要勇于争取，不能倚老卖老，如果可以，不妨参加社会上的各种培训机构，只要是能学习新知识的机会就别错过。

3.规划终身的蓝图

有人总是抱着得过且过的态度混工作，尤其是人过中年以后。这时候，做什么都没有力气了，反正熬几年就退休了，只等着回家抱孙子了。于是懈怠和懒惰一起而来，个人事业再也没有了发展，甚至出现了退步。这种情况在那些事业单位尤为明显。

古代诗圣杜甫曾有诗云：“会当凌绝顶，一览众山小。”这说的是一种不断追求高度的精神，只有站得高，才能拥有宽广的空间，在职场也是如此。只有经过你一步步的努力，一步步的攀登，才能达到一个相对高的境界，只有境界高了，自身的力量才能服众，才不至于老来的时候“门前冷落鞍马稀”。

哲人常说“人最大的敌人是自己”，职场上也是，没有人督促你一定要超越自己，你可以在小有成就后就躺在床上睡大觉。但是，人生山峰上更多的美景，你就看不到了，因为你只停留在了半山腰。如果你想挑战巅峰，在没有人催促你的时候，你必须仍要努力超越自己。

所以，不管你现在处于什么位置，做的事情是否是核心，都要给自己制定切合实际的目标，仔细划分自己近期、远期的理想，为整个职业生涯都做好规划。只有当你有了切实远大的理想后，你才有动力去行动，才有可能打造出职场气场，这些都是相辅相成的。

记住，目标的制定不是走形式，而是“画蓝图”，并且要督促自己按照“蓝图”去施工。既不能好高骛远，也不能故步自封，要切合实际，更要有可操作性，要方便自己一步一个脚印地沿着它前行。每个人都希望拥有有价值的人生，希望得到别人的欣赏、尊重和羡慕。那么你就不能停歇，要时时刻刻都不忘修正自己的心态和行为，打造有力的气场，为职业生涯开拓一条坦途。

全心全意，让自己的职业气场更强大

在职场中，成就感的获得很多情况下与个人心态与努力程度相关，它们对个人气场提出了更高的要求。

罗丹是世界著名的雕刻大师。他工作起来非常用心，只要他投入工作中就会忘了周围的一切。有一次，一位朋友跟随罗丹去他的工作室参观。开始，主人还带着客人看他那些宝贝——有完成的雕像，有许许多多小塑样：一只胳膊，一只手，有的只是一只手指或者指节，有他已动工而搁下的雕像，堆着草图的桌子。

当罗丹介绍到他的近作时，马上套上了工作服。他一边介绍一边修改，后来罗丹已经完全融入自己的雕塑世界，外界的一切好像已经对他失去了任何意义。这样过了半点钟，一点钟……他没有再和他的奥地利朋友说过一句话。他忘掉了一切，除了他要创造的更崇高的形体的意象。直到他感到比较满意了，才停了下来。在他快走到门口时，他看见了朋友。这时他才想起自己约了人。

正是这种对于工作的认真精神、对于工作的全身心投入，才成就了大师罗丹。我们不是大师，只是普通人。但是如果我们全心全意地投入到工作中去，就会很快走上属于自己的职业道路，建立属于自己的职业王国。

综观当今职场，凡是有所成就的人，多是专心致志之人。只要把心集中在一个地方，就没有办不到的事，只有专注才能提升自我。不管我们的人生发生什么事情，遇到什么样的人，我们都应该认真、专心地对待我们生命中的每一分、每一秒，力求将其做到最好。

玛丽是一家大型建筑公司的设计师，常常要跑工地、看现场，还要修改工程的细节。这份工作是异常辛苦的，但她仍然认认真真地去做，毫无怨言。她从不逃避体力劳动，也不挑挑拣拣。有一次。上司安排她为客户做一个可行的设计方案，时间只有三天，接到任务后，玛丽看完现场就开始工作了。为此她到处查资料，虚心向别人请教。三天后，她带着满眼的血丝把设计方案交给了上司，并得到了肯定。因工作认真，玛丽很快得到提升了，薪水也随之翻了三番。

卡耐基说："一般人只投入25%的精力和能力在工作上，愿意在工作上投入50%以上精力和能力的人，是值得全世界人脱帽致敬的，至于100%投入工作的人，可以说，在这个世界上找不出几个。"只有专心投入，把全部心思都放在对自己的提升上，才能使自己的心态平和，从而使个人的气场更加强大，在职场之路上走得更远。

在自己的专长上游刃有余，散发强大气场

每个人在岗位上都有自己的专长，但不是每个人都能成为优秀的员工，这是为什么呢？原因很简单，他们在发挥自己专长的时候，并不能够做到游刃有余，这样专长并不能给他带来强大的职业能量，他又怎么可能踏上考验重重的优秀员工的位置。

真正有强大气场的职业人员，懂得游刃有余地运用自己的专长，这个能让他们在岗位上发挥出最大的能量。然而，很多职业人员精通于此，他们在职场路上经常找不着路子。找着了路子的人，就是那些气场强大，人见人爱的人。

成功心理学家唐纳德·克利夫顿说：“在成功心理学看来，判断一个人是不是成功，最主要的是看他是否非常自如地发挥了自己的专长。”

麦克曾是诺基亚的一名普通员工，他主要负责手机外壳的打磨工作，这虽然是公司的外形设计的工作，而他只不过勉强算是个打杂的。麦克虽然不是名校设计专业毕业，但他天生对设计有一种很强的敏感度，他总是在尝试着各种各样的创造，他自己还悄悄设计出了很多小而精致手机外形。麦克的一款设计被他的上司意外发现，结果这款设计的手机外

形被搬上了诺基亚的某款畅销手机上。麦克也升职成为设计部的一名主管，可是好景不长，手机市场因为安卓和苹果系统的冲击，诺基亚不得不裁员，麦克虽然没被裁掉，他觉着自己到了不得不跳槽的时候了，于是他凭借自己的好几款市场上反映良好的设计品成功跳到了 HTC。

到了 HTC，麦克仍然没有削减自己的设计欲望，他比以前更加努力了。很快，HTC 的一款老人机的外壳设计的项目落到了麦克的头上，麦克带着自己的团队在一个月后弄出了完美的设计，这款设计在市场上的反响很好，他再一次在一家公司里有了名头。

麦克能在职场上闯出自己的一片天，主要是他懂得发挥自己的设计专长，而且他在危机中，也没有忽视这个专长，他依然能够非常自如地发挥自己的设计专长，最后他成为行业里的杰出人士。一个在自己的专长上能够游刃有余的人，他必定会锻炼出强大的职业气场，而且能让身边的人深切地感受到他的职业气场。

赖淑惠是一家房产中介公司的职员，她的公司就在她要售出的写字楼里面。她是一个善于交际的人，她还是“人来熟”，只要她与陌生人说过几次话，陌生人就会对她产生好感。

她经过观察后发现，但凡是对这个大楼有兴趣的买家，都会第一个询问大门管理员。他们总会这样问：“这里有没有合适的写字楼？”“这幢楼最宽敞的屋子在几层？”每次这位管理员的回答都是一样的，他总是说：“你去问一下十楼的赖小姐吧，她什么都清楚，而且很喜欢卖房子。”所以，每个买家的消息她都会比其他中介公司早一步知道。因为这些灵通的消息，赖淑惠的月均业绩都在上万元，成为公司里的业务标兵。

管理员为什么愿意将买家介绍给赖淑惠呢？原来，赖淑惠利用自己善于交际的专长，让管理员成为她的“托儿”。她每次出入大门时，必会向管理员打招呼。她总是会因为各种特殊情况而晚归，常常麻烦管理员，为了表示感谢就经常送给管理员礼物。

赖淑惠知道自己的专长在什么地方，并且她能够游刃有余地去运用这个专长来赢得管理员的好感。善于交际的她已经具备了一定的职业气场，在这个气场的影响下，管理员也很愿意接受她的礼物，与她成为熟人。

每个职业人员好比一根长短相同的杠杆，能否走上优秀之道，关键在于能否找到那个最合适的支点。找到了就可以撬动地球。这个支点，就是自己的专长。这是一个市场竞争白热化的时代，职业人员要想不输掉，就要找到这个专长，并且在这个专长上游刃有余，这才是自己真正在职场上能够屹立不倒的最好凭借。

职场上，很多人会问：“既然自己有这个专长了，就有了自己的优势了，有必要再费尽心思做到游刃有余吗？”

回答必是肯定的，你做不到游刃有余地发挥自己的专长，你的职业优势就不能在工作上有很好的体现，你的竞争力也不会有所增强，也就散发不出强大的气场来。你想具备优秀员工的职业气场，就需要费一些心思去将自己的专长自如地发挥出来！

融入优秀团队，接受良性辐射

对于职场人士而言，办公室就是他们的第二个家，在自我提升的同时，还要融入到团队的大环境中，对待同事要像家人一样礼貌大度、和善待人，才能相处融洽。反过来，优秀的团队能深深影响我们的各个方面，提升我们的职业气场。

因为优秀团队往往有着深厚的文化底蕴，可以散发出一种强大而独特的气场。优秀的团队文化往往是这个团队可以战胜对手的前提，这也是一支团队可以屡屡取胜的主要内因。要想让自己的个人气场得到提升，我们就应该学会融入优秀团队，感受那种积极的氛围和文化底蕴，学会依靠团队的力量来提升自己。

那么，如何与团队中的成员交往，才能更好地融入团队呢？

1.多与团队中比自己优秀的人交流

有句话是这样说的："你是谁并不重要，重要的是你和谁在一起。""孟母三迁"的故事就足以说明和谁在一起很重要，这甚至能改变你的成长轨迹，决定你的人生成败。

阿瑟·华卡是一名美国的银行家，他小时候的一次经历促成了他未来事业的成功。

有一次，华卡看到了一篇关于大实业家威廉·亚斯达的故事，他对亚斯达非常崇敬，也非常希望能见到他，而且希望自己能成为他那样的人。

终于有一天，华卡有机会见到了亚斯达。当他问亚斯达有什么赚钱的秘诀时，亚斯达说："只要你能多结交比自己更优秀的人，就会有成功的那一天。"这句话给华卡留下了深刻的印象，从此以后，他一直把这句话作为自己的座右铭去实践。经过了将近5年的时间，华卡的梦想终于如愿以偿地实现了，他成了一个有名的银行家。

后来，一些年轻人向华卡请教成功的经验，华卡说："我希望你能经常向比你优秀的人学习，这对做学问或做人是非常有益的。"

的确，华卡的做法非常值得我们借鉴。和优秀的人在一起，融入优秀的团队，就是为了让我们感受强气场的影响和熏陶，从而更好地提升自我。

2.抓住机会，更上一层楼

其实很多时候，我们并未在意，成功的大门已经向我们打开了，这也许只是瞬间的事情，所以许多人都会在无意之中错过。而总有人能敏锐地捕捉到这样的机会，于是成为让人羡慕的成功者。

汪大海大学毕业后来到了一家公司做文员，有一次公司举办了一场联欢会，结果正是这次联欢会让他脱颖而出。

联欢会过程中，总经理邀请员工和他一起唱歌，可是底下的人都因胆怯而不敢上台，而汪大海却大胆地上了台。其实，汪大海的歌声并没有任何突出的地方，在有的同事眼里，这就相当于自取其辱。汪大海上台后虽然很努力地在唱，可有的地方明显跑调了，甚至连歌词都记不清楚。

但是他从头到尾都很投入，很放松。

联欢会过后没几天，汪大海就被总经理调到了身边做助理。这次调动让其他的员工都很疑惑，难道仅仅就凭那首歌，他就能升职？再说了，他唱得也不好。

汪大海当时是这么想的：在当时的情况下，台下的员工因为顾虑太多，所以就不敢登台，这样就可能造成冷场，这时自己挺身而出，就相当于是帮经理解围。明知自己唱歌很一般，但这次登上舞台对自己而言主要是表现出自信和大方。通过上台唱歌，可以表现自己，同时也能加深经理对自己的印象。

又过了一段时间，汪大海就被提拔为部门经理，这是因为在担任经理助理的时候，他需要整天都面对各个部门的经理，每天都会听到一些关于如何管理公司、如何规划好公司未来的发展等问题。而这些都是其他文员所接触不到的。

汪大海抓住了机会，所以他由普通文员提升为总经理助理，其间，他抓住了每次接触各个部门经理的机会，学习他们的管理和经营理念，最终成就了自己。

每个团队都会有它的气场，而优秀团队的气场对我们每个成员来说，都具有巨大的促进意义，它可以帮助我们提升自己。

优秀的团队能给每个成员提供一个良好的氛围，能让每个人都展示出高涨的士气，能激发成员对工作的主动性，让每个成员都形成强烈的集体意识和团结友爱的精神，在促进团队整体前进的同时也能促使我们每个人不断前进。

多方面营造气场氛围，提升自己的职场竞争力

敬业、负责任、充满激情的工作等，这些都可以让自身的气场得以更好地发挥，但要知道气场是一个人综合素质的体现。在职场中，一个人的魅力是通过多方面体现出来的，所以其气场氛围就不能只是激情、敬业等，还需要有更多的“软实力”。

在职场中，一个人不能光有激情，还需要具有能够吸引他人的软实力。

职场生存，三分在于工作能力，七分在于为人处世之道，这处世之道就是良好的办公室礼仪，就是你的“软实力”。适当的礼仪既是尊重别人，也是尊重自己，还可促进工作的顺利进行。那么究竟怎样做一个有“礼”之人才能博得领导的欣赏和同事的赞同呢？

1.以请教的口吻与同事沟通交流

孔子说：“三人行，必有我师焉。择其善者而从之，其不善者而改之！”一个人不可能了解所有的事情。以谦虚的态度，多用请教的口吻跟同事沟通，别人才会告诉你想要知道的事情，即使对方不知道，也会提供一些你不曾了解的信息，让你有所顿悟。有了同事的帮助，你的事业就会更加顺畅一些！

2.与同事可以同流，但不可合污

在职场中，我们要同各种各样的人打交道，在交往的过程中不可避

免地有亲疏远近之分。说话投机、谈得来的人就会来往频繁、相互感情比一般人亲近。但是，一定要清醒地看待同事，如果他暗示你做一些有损公司形象或利益的事时，那么坚决地与其划清界限。否则到头来，你们将同饮一杯苦酒。

3.调解同事间的矛盾，而不能火上浇油

同事之间相处应该相互容忍、相互谅解，而不要动不动就记恨记仇，人为地制造紧张关系。

因此，当听到某一同事谈论对另一同事的不满时，切记不要搬弄是非造成火上浇油。最高明的办法是充当调解人，在互有成见的同事之间做一些“黏合”和“调和”的工作。要启发双方多想对方的好处，多找自己的不足。只要真心诚意地维护同事之间的团结，并不厌其烦地做好工作，互有成见的同事就一定会尽弃前嫌，和好如初。

4.多说“我们”少说“我”

在与他人交往时，要多说“我们”少说“我”。“我”字讲得太多容易给他人留下一种突出自我、标榜自我的印象，会在你们之间形成一道障碍，影响别人对你的认同。因此，在跟同事交往时，不妨用“我们”代替“我”，交流效果会更好，同时可以缩短你们之间的心理距离，促进彼此之间的感情交流。

5.放低姿态，融入到团队中去

也许你的能力很突出，但要尽量放低心态，让自己融入到团队中去，不要刻意凸显什么，这样才能与同事友好地相处，为自己赢得好人缘。

身在职场，良好的个人礼仪不但能提升个人涵养，还能增进团队中的沟通，对内可融洽关系，对外可树立形象，营造和谐的工作环境，是一个优秀团队必需的“软实力”。

电梯里的小礼仪，职场里的大气场

电梯虽小，但属于公共场合，有着不浅的学问，充满着职场人士的礼仪修养。

乘电梯时应该保持安静，不要喋喋不休地说话。电梯里本来就狭窄，人与人都靠得很近，在电梯里说话可能会不小心将唾沫溅出，让旁边的人感觉不自在。而且乘电梯说话会让别人受到干扰，让人心烦意乱。乘电梯的时候谈工作上的事，可能会不小心泄露公司的重要机密；乘电梯的时候与恋人卿卿我我，会让电梯里的其他人感觉尴尬；乘电梯的时候谈论私生活，会让别人觉得你很聒噪。这些让人厌恶的行为会让人觉得你是个没有素质、不知分寸的人，即使你身处高位，穿着光鲜靓丽，这种行为也会给人留下恶劣的印象，更别说散发什么气场了。

因此，在狭小的电梯内应当注意自己的言行举止，做一个有素质、文明的人。

电梯是公共设施，强行挤入电梯，使得电梯里更加拥挤，容易造成混乱，给乘电梯的所有人带来不便。为了陪同客人而强行挤入电梯，会给客人留下不好的印象，会让客人怀疑你和你所代表单位的整体素质。

一天，一位客人乘坐电梯准备下到大堂。当电梯行至行政办公楼层时，走进两位穿着工作服的女员工。两位女员工一边聊天一边随手按了电梯楼层按钮。电梯里有很多人，但是她们两人却旁若无人地继续聊天。一个人说："你今天戴的这条项链好漂亮啊，在哪里买的？""你也觉得好看吗？我在商场买的，买的时候打五折呢，打折完才 200 多元，特别划算。"另一个人回答："才 200 多元！也太便宜了，今天下班我也去商场逛逛。所有的商店都在打折吗？""是啊，每家店都在打折，特别划算，你去看看吧。"两个人一直不停地聊天，直到电梯到了她们要去的楼层。从走出电梯，到电梯门关上之前，都还能听见两人在喋喋不休。见此情景，客人深深地皱了一下眉头。

电梯虽然很小，却蕴含着礼仪的学问。在职场中，是否懂得电梯里的学问和礼仪，是一个职场人士道德与修养的体现。那么，立身职场，应当注意哪些电梯礼仪呢？

1.电梯行进中

进入电梯之后，应该走到电梯的角落处，以方便其他人出入电梯，不要担心按不到楼键，有礼貌地请别人帮忙按一下就可以了。如果电梯里只有两个彼此认识的人，完全可以尽情地聊天。如果里面有很多人，那就要尽量少说话，因为里面的每个人都在听你说话，话题太"公"不好，太"私"也不好。

在电梯里，由于大家之间的距离非常近，所以说话、举止一定要注意适度、得体，不要妨碍到其他人。

2.出电梯时

其实，有很多人不懂出电梯的礼仪，结果往往给别人也给自己带来不便。如果你是最后一个挤进电梯的人，必然会是面对电梯门的那一个，如果有人比你先出电梯，你应该怎么做？正确的做法应该是：一面挡着电梯门或按一下开门键，一面腾出空间让后面的人走出来，然后再走回原位。

如果这个时候电梯里挤满了人，那么就无须讲究“女士优先”原则了，无论男女，离电梯门最近的那个人都要先出电梯。

3.与自己的领导一起乘电梯时

如果是和自己的领导一同乘用电梯，应先按电梯呼梯按钮，请领导先行进入。

如果电梯里只有领导和你两个人，千万不要拘谨、害怕，更不要尝试逃避他，要保持镇定，望着他的眼睛，称呼他的职位或向他问好。在乘电梯的整个过程中，只需保持微笑就可以了。

4.进入电梯的次序

陪同客人或长辈：来到电梯门前时，应主动先按电梯呼梯按钮；

电梯门打开时，可以先行进入电梯，一手按开门按钮，另一手按住电梯侧门，礼貌地说“请进”；

进入电梯后，按下客人要去的楼层按钮；

行进中如果有其他人进入，可以主动询问对方要去几楼，帮忙按下楼层按钮；

在电梯里，要尽可能侧身面对客人或长辈，不必寒暄；

到达目的楼层时，一手按住开门按钮，另一手做出请出的示意动作，同时说：“到了，您先请！”

等客人或长辈走出电梯后，自己再走出电梯，并热诚地为客人或长辈引导行进的方向。

一个具有良好礼仪的职场人士，无论在什么地点、什么场合，都会注重自己的言行举止，处处散发独特的职业气场。

第八章
商务宴会小礼仪，洽谈更顺利

Chapter 8

商务活动犹如没有硝烟的战场。在商场上，要想抓住眼前的机会，获得他人的帮助，就要遵循一定的礼仪规则，懂一点应酬的技巧。

商务拜访，礼貌寒暄展魅力

礼貌寒暄是生活中最简单而平常的一件事，是人与人见面之初的直接接触，也是第一印象形成的时机。它本身属于非正式交流，没有多少实际意义，它的主要功能是打破彼此陌生的界限，缩短双方的感情距离，以便更深入地交谈。音乐始于序曲，见面始于寒暄。所以，在进行商务拜访的时候，得体恰当的问候，能展现个人魅力，提升个人气场，同时传达给对方友好的信息。

商务拜访中，你给对方的印象如何，也决定了你能否达到拜访目的。若是懂得恰当礼貌的寒暄，不仅让对方对你影响深刻，还可能因此成为“成功”的敲门砖，因为对方会在心底认定你是个会说话、能办事的人。

可以说，礼貌寒暄，是任何一个职场人士都需要学习的说话礼仪。寒暄者，应酬之语也。是作为交谈的“开场白”来被使用的。寒暄的主要的用途，是在人际交往中打破僵局，缩短人际距离，向交谈对象表示自己的敬意，或是借以向对方表示乐于结交之意。所以说，应酬中，在与他人见面之时，若能选用适当的寒暄语，往往会为双方进一步的交谈，做好良好的铺垫。而不谙寒暄的礼仪，则显得有失交际水准。比如，在当被介绍给他人之后，应当跟对方寒暄。若只向他点点头，或是只握一下手，通常会被理解为不想与之深谈，不愿与之结交；碰上熟人，也应当跟他寒暄一两句。若视若不见，不置一辞，难免显得自己妄自尊大。

程倩是一名销售新手，她主要销售的是护肤品。她是个热情的小姑娘，但常常因为口无遮拦，得罪不少客户。

有一天，店里的老客户陈女士来了，陈女士和丈夫刚离婚半个月。但似乎心情也不差。

这位陈女士原本是店长的好朋友，程倩便想过去套套近乎，就主动和对方打招呼："陈姐，最近皮肤保养得不错啊。"

"哪里有？你真是说笑了。"

"我可没开玩笑，比你没离婚的时候还好呢！"程倩刚一说完，陈女士的脸色马上就变了。这一点，程倩也感觉到了，为了挽回自己的过失，她准备弥补一下。

"你看我这乌鸦嘴，其实，离婚了也没什么不好，您还拿到了一大笔孩子的抚养费，其实也不错。"这话不说倒好，程倩一说出口，对方的脸色更差了。程倩知道无法挽回了，也不再作声。后来，这位陈女士再也没来过店里购买过保养品。

遇到老客户，自然需要寒暄一番，若视若不见，不置一辞，难免显得自己妄自尊大。但很明显，程倩的寒暄之语却适得其反，得罪了客户。可见，我们在与人寒暄的时候，一定要考虑对方的心情，不可胡乱寒暄。

寒暄在商务应酬中的作用是十分重要的，但并不是任意的寒暄都能起到这种作用。不恰当的寒暄很可能会弄巧成拙。

我们要想让寒暄起到应有的效果，你需要注意以下几点。

1.寒暄要视双方关系的亲疏而定

（1）跟初次见面的人寒暄时

此时的寒暄一定要以礼貌为主，不可太过套近乎，最标准的说法是："你好！""很高兴能认识您""见到您非常荣幸"。也可以说："早听说过您的大名""某某某经常跟我谈起您"或"我早就拜读过您的大作""我听过您作的报告"，等等。

（2）跟熟人寒暄时

与熟人寒暄，应该尽量显得亲切一点，不要过于生分，比如，你可以说"好久没见了""又见面了""您的发型真棒"等。

2.根据寒暄的对象而定

在商务场合，无论从性格还是年龄上，我们都应该考虑到，与人寒暄时的口吻、话题等都应该有所变化，比如，如果你是下属，你是宴会的主人，那么，你就应该尽量体现你对对方的尊敬和仰慕，反过来，如果你是上司，那么，你最好能表现得平易近人一点。

3.根据不同的应酬场合而定

庄重场合要注意分寸，一般场合则可以随便些。拜访人家时要表现出谦和，不妨说一句"打扰您了"。接待来访时应表现出热情，不妨说一句"欢迎"。

4.寒暄语应带有友好之意，敬重之心

寒暄不容许怠慢、敷衍了解，也不可嘲弄他人。"来了""瞧您那德性""喂，您又长膘了"，等等，自然均应禁用。

5.商务拜访中寒暄的注意事项

寒暄仅有热情还不够，若想获得理想的效果，你需要符合礼仪规范，并且让被问候的人如沐春风。

首先，要主动问候对方。一般来说，主动问候会给对方温暖的感受，也会在接下来的谈话中占据主动。

其次，问候时声音要响亮。碰面后，对方的心态不可预知，但一声响亮的问候，也许就能将气氛和心情调动起来。如果声音过小，对方尽管听到你说话了，但又没听清楚，他就会追问一声“你说什么”，原本诚恳的问候倒变成了一种解释，这就很尴尬了。而且对方若没听清楚，只看见你的嘴在动，也许还会误认为你在说什么不好听的话。因此，问候的声音要响亮明确，将发自内心的热忱传达给对方，才能起到良好的沟通作用。

再次，问候时最好配合肢体语言。问候的时候要注视对方的眼睛，明确而又坦诚地表达对对方的欢迎，同时这也是一种尊重。微笑、点头和致意，这样的问候才能起到传情达意的效果。生硬而单纯的嘴唇表达，有时就是一种蹩脚的演出，反而会给对方造成不受尊重、被敷衍的感觉，因此不要让“问候”流于程序、流于形式。

最后，问候与寒暄应当化繁为简，毕竟它只是见面最初的一个小礼节，无须过分渲染，更不要为了表示亲切或内心的重视而啰啰唆唆。问候不要过于形式化，像背诵课文似的，否则就显得做作而虚伪了。

英国著名作家托马斯·卡莱尔曾说：“礼貌比法律更强有力。”寒暄就是一种礼貌，寒暄语不一定具有实质性内容，但是可以提升我们的气场。而且可长可短，但需要因人、因时、因地而异，我们需要掌握这点，才能真正发挥寒暄在人际交往中的作用！不懂寒暄，会让你的气场掉价。

名片小礼仪，商务交往显气场

在商务交往中，名片不但可以快速熟悉对方，它就像商务人员的第二张脸，展现出你的一些职业气场，不但需要好好地珍惜和呵护，而且要懂得怎样去使用它。

现代的名片是一种经过设计、能表示自己身份、便于交往和开展工作的卡片，不仅可以用于自我介绍，还可以用于祝贺、答谢、拜访、慰问、赠礼附言、备忘等。

1.名片的内容与分类

名片上一般包括姓名、工作单位、职务、职称、通信地址等基本内容。此外，也有把兴趣、爱好、特长等情况写在上面的。名片上选择哪些内容，通常是由实际需要决定的。一般而言，名片可以分成以下两类：

（1）交际类名片。除上述基本内容外，还可以印上单位或组织的徽标，也可以在中文下面或背面再用英文书写一遍，以便于与外国人交往。

（2）公关类名片。一般而言，公关类名片可以在正面介绍自己，背面介绍组织，或宣传经营范围。这类名片具有很好的广告效应，可以使组织收到更大的社会效益和经济效益。

2.名片的设计

名片的语言设计，一般以简明清晰、实事求是为原则，上面的语言能够起到传递个人基本信息，实现彼此交际的作用就可以了。当然，在现实生活中，也不乏一些语言幽默、新颖，别具一格的名片，如：“您忠实的朋友：×××，联系地址：×××，邮编：×××，电话：×××”。名片上没有任何官衔，语言简洁，亲切诚实；另有一则写着：“家中称老大，社会算老九，身高一七八，自幼好旅游，敬业精神在，虽贫亦富有，好结四方友，以诚来相求”。语言幽默诙谐，让人感到亲切自然。

在名片设计上，除了文字之外，还可以借助有特色或象征性的图画符号等非语言信息辅助传情，以增强名片的表现力，但装饰不宜太烦琐，以免喧宾夺主。

3.名片的放置

通常情况下，应该把自己的名片放在容易拿出的地方，不要将它和杂物混在一起，以免使用时不易拿出；穿西装时，应该将名片放置在左上方的口袋里；如果有手提包，也可以把名片放在包内伸手可拿到的部位。不要把名片放在皮夹内、工作证内或者裤袋内，这是一种很失礼的行为。

另外，不要把别人的名片和自己的名片混放在一起，否则，一旦误将他人的名片当成自己的名片送给对方，后果将是很糟糕的。

4.出示名片的礼节

（1）出示名片的顺序。在名片的递送上，尽管没有太严格的礼仪要求，但也是讲究一定顺序的。一般而言，应该是地位低的人先向地位高的人递名片，男性先向女性递名片。

当对方是两个或两个以上的人时，应先将名片递给职务较高或年龄较大的人；或由近及远依次递送，切忌跳跃式地递送，否则对方可能会产生厚此薄彼的感觉。

（2）出示名片的礼节。向对方递送名片时，应该面带微笑，稍微向前欠身，目光注视对方，将名片正对着对方，用双手的拇指和食指分别持握名片上端的两角递送给对方。

如果是坐着，则应当先起身，然后再欠身递送。递送时可以说：“我是 ×××，这是我的名片，请笑纳”“这是我的名片，请您收下”“这是我的名片，请您多多关照”等。

在递名片时，切忌目光游移不定或漫不经心。切勿用左手递交名片，不要将名片背面面对对方或是颠倒着面对对方，不要将名片举过胸部以上，也不要低于腰部以下。

出示名片还需要把握好时机。初次相识，自我介绍或别人为你介绍时可以出示名片；双方谈得比较融洽，表示愿意建立联系时可以出示名片；双方告辞时，也可以取出名片递给对方，以示愿意结识对方并希望能再次相见。

5.接受名片的礼节

当别人要递名片给自己或交换名片时，应立即停止手上所做的一切事情，如果手上有东西，应该立刻放下手中的东西。

当他人向自己递送名片时，应当尽快起身或欠身，面带微笑，用双手的拇指和食指接住名片的下方两角，态度应该谦恭有礼，使对方感到你对他的名片很感兴趣。

接到名片之后，应该认真地看一遍，并且说：“谢谢”“能收到您的名片，真是感到非常荣幸”等。然后再郑重地放入自己的口袋、名片夹或其他稳妥的地方。

切忌接过对方的名片一眼不看就随手放在一边。当着对方的面在对方的名片上做标记更是不礼貌的行为。更不能把对方的名片放在手中随意玩弄、搓来搓去，否则会严重伤害对方的自尊，影响彼此之间的交往。

6.名片交换的注意点

（1）与西方、中东、印度等外国人交换名片时，只用右手就可以了；与日本人交换名片时，则应该用双手。

（2）当对方递给你名片之后，如果自己没有名片或没带名片，应当首先对对方表示歉意，再如实解释一下理由，如："很抱歉，我没有名片"，"对不起，今天我忘记带名片了，过几天我一定会亲自寄一张给您的"等。

（3）向他人索要名片时，不宜直来直去，应该委婉含蓄地索要。下面列举几种方法供大家参考：

第一，积极进取。你可以主动提议："您好，我们交换一下名片吧。"双方交换，而不是单向索要。

第二，投石问路。即先将自己的名片递给对方，以求得对方给予"呼应"。

第三，虚心请教。比如："今后怎样向您求教呢？"以暗示对方拿出自己的名片来交换。

第四，呼吁"合作"。比如你可以说："以后如何跟您联系呢？"旨在暗示对方留下名片。

（4）当对方向你索要名片，你又实在不想满足对方的要求时，为了让对方不失面子，你可以表达得委婉一些。比如，你可以这样说："对不起，我忘了带名片"，或者"不好意思，我的名片刚刚用完了"等。

（5）出席重大的社交活动时，一定要记着带名片，交换名片时如果名片用完了，可以用干净的纸代替，在上面清楚地写下自己的个人资料。

7.不适宜递送名片的情况

（1）除非对方要求，否则不要在年长者或职位比自己高的人面前主动出示名片。

（2）对于陌生人或偶遇的人，不要在谈话中过早地发送名片。因为这种热情一方面会打扰别人，另一方面有推销自己的嫌疑。

（3）切忌在一群陌生人中随处乱发自己的名片，否则会让人误以为你想推销什么东西，反而不受重视。

（4）名片不宜在用餐时发送。

名片是商务人员的第二张脸，你应当好好维护，不仅要将名片设计得独特，还要遵守各种出示、接受名片等礼节，通过名片展示自己的修养从而拓展自己的人脉，获得事业上的成功。

座次礼仪中的素质修养

现代社会，无论是商务往来还是日常生活，人们都要参与集体活动。而人与人之间会有年龄、性别、职位的差异，正因为如此，人们在就座时才有尊卑长幼之别，这样需要座次礼仪。对于刚参加工作的我们来说，懂座次礼仪是谦卑的表现。掌握了座次礼仪，才能在各种场合自觉按礼仪规范去就坐，而无须别人的提示与监督，才能够表现出得体的举止仪态，从而给在座的人良好的印象，同时显示出你懂礼知礼的气场魅力。反之，就是失礼的表现，气场也会被冲散。

农民出身的陈女士是某市建筑行业的老大，事业有了一定的成就后，她开始关注自己的知识文化素养，她还专门请了一些礼仪老师教自己学习这方面的知识。她之所以有这样的改变，是因为她曾经有过这样一次尴尬的经历：

那天，秘书告诉她，某公司老总就新的合作项目要请她吃饭。

到了晚饭时间，陈女士在秘书的陪同下，来到了这家酒店。饭局设在一个包厢，进去之后，陈女士就随便挑了个位子坐下了，这时候，秘书给她使了个眼色，但她似乎没有看懂，也就没有再理会秘书了。

然而，整个饭局上，陈女士发现，对方脸色一直不太好看，吃饭的过程中，对方也没再提及合作的事。

事后，秘书告诉陈女士："董事长，您别怪我多嘴，您今天坐错位置了，那是主人的位子，咱是客人，而且，您知道吗？我从在那工作的朋友听说，他们一直认为您是不讲理、霸道的老总，这下对方对您的印象估计坏透了，哪还会有合作的意向？"

听完秘书这番话，陈女士后悔极了，但是已经于事无补了，自打这件事后，陈女士就格外注意自己的举止仪态，还专门学习礼仪知识。

事例中，陈女士的失礼之处在于，她坐错了位置。而正是这点，让对方对她留下了极为不好的印象，生意也就泡汤了。

从陈女士的经历中，你也应该看到座次礼仪的重要性。掌握这一礼仪常识，无论你出入什么场合，都能按照规矩来入座，以免有失礼之嫌，也就能使得大家相处和谐、愉快，交际的氛围也就会更加融洽。反之，就容易使人产生反感冲突。

那么，什么是座次礼仪呢？

一般来说，我们应该遵循的原则为：以右为上（遵循国际惯例）；居中为上（中央高于两侧）；前排为上（适用所有场合）；以远为上（远离房门为上）；面门为上（良好视野为上）。

通常情况下，商务场合中的座次是按照国际惯例来安排的，基本原则是：右高左低，前高后低，中间高于两侧。商务会谈、商务谈判、商务宴请等是我们经常出席的场合。

1.商务会谈中几种常见的座次安排

相对式：通常将宾客安排在上座，一进门的右手边；离门远的为地位高者。

并列式：重要宾客并列而坐，若都对正门而坐，则以右为上，即客人坐在主人的右边。以右为上是一种国际惯例。

自由式：若宾客较多，无法排列座次，则以自由为主。

2.商务谈判

一般情况下，商务谈判为双边谈判。宾主双方则在长桌或椭圆形桌的两侧，若谈判桌横放，正对门的一方为上，背对门的一方为下，一般宾上主下；若是谈判桌竖放，则进门的右侧为上，左侧为下，一般宾上主下。主谈人员应在自己一方居中而坐。其他人员按照右高左低的原则，自近而远分坐。国际惯例与政务礼仪会议座次相悖。如果双方各带翻译，应就坐于主谈人员之右。

其实，各个场合中，任何一个细小的环节都不能忽视，气场以小见大，越是容易忽视的环节，越能体现一个人的涵养和散发出的无处不在的气场。我们初入社会，必须熟知座次礼仪，才不会在众人面前失礼。

恰到好处地让步，离达成协议更近一步

谈判的核心任务在于一方企图说服另一方或理解或允许或接受自己所提出的观点。换句话说，就是让对方按照他自己的想法办事，同时符合我方的意愿。

但是，这或许只是所有谈判者的美好愿望。当我们的谈判地位相对处于劣势的时候，当我们的对手非常强势的时候，当我们的谈判目标遥不可及的时候，我们发现，对方似乎没有或根本不可能按照我们的意愿去做事情。在彼此的针锋相对中，对方态度依旧强硬，我方若再顽固坚持，则会使谈判逐渐陷入僵局。这时，为了化解这个僵局，我们可以根据自己的底线作出适当的让步，往往能起到“退一步海阔天空”的效果，看似退了一步，实则离达成协议更近了一步，同时让对方觉得你是一个有气场的谈判者。

不过，许多人对谈判时的让步心存疑惑：“让步，是一种甘居下风的体现，可能将导致对手的步步紧逼；而不让步，又可能导致对手因得不到利益的满足而终止谈判。”那到底是让好还是不让好呢？著名谈判实战专家盖温·肯尼迪这样说道：“面对艰难的对手，较好的办法是先作出些微小的让步，以换取对方的善意。”

谈判时，为了谈判的顺利进行，谈判的一方被迫让步的事情极为常见，但这种让步是以不超越底线为原则的。每一次谈判之前，人们都会为自己设定一个谈判底线。在谈判过程中，彼此之间都据理力争，努力想要触及对方的底线。在一次次的较量中，彼此一次次让步、一次次接近自己的底线，最后，双方成达协议。

张峰是某家房地产公司的销售经理，一次，他遇到一个客户——牛总，他想要购买公司的一套连体别墅。在和牛总的价格谈判中，张峰开价 980 万元，而牛总认为这个价格水分太大，还价 800 万元，但张峰觉得这个价格太少，希望牛总再加一点。经过几次谈判后，张峰将别墅价格降到 950 万元，牛总则加价到了 850 万元，现在双方差距剩下 100 万元，可是彼此都表现得十分强势，不愿让步，谈判陷入了僵局。面对牛总的强势，张峰为了化解僵局，决定采取“寻求回报型”的让步，心想那就各让一半好了，于是提议：“谈了这么久了，我们也看出牛总买房子的诚意了，为了表示我们的诚意，我们决定再降一点，牛总你再加一点，900 万元怎么样？”张峰满以为牛总会立即同意这个价格，谁知牛总却仍旧坚持 850 万元的价格，谈判再次陷入僵局。

张峰的让步策略为什么没能打动牛总的“芳心”，促进协议的达成呢？原因就在于张峰的这两次让步看似符合逻辑，却乱了让步的幅度——让步的幅度越来越大。

张峰的第一次让步是“去零头”，由 980 万元降到 950 万元，第二次让步是“差距除以二”，由 950 万元降至 900 万元。表面看来，这两次让步没有什么问题，可仔细一分析就会发现：张峰的第一次让步让了30万元，第二次却让了50万元，让步幅度越来越大，可见这还没接近底线。让步幅度越来越大，充分显示出张峰急着卖出房子。而谈判铁律就是“你急我不急”，所以牛总选择了原地踏步，等着张峰他们再主动让出几十万元来。如果张峰先让50万元，再让30万元，或许就已经与牛总以900万元的价格达成协议了。

谈判时，让步看似一种示弱，实则是一种巧妙的智斗，只有掌握好让步的技巧，控制好让步的幅度，你才能在触及自己的谈判底线前，顺利和对方达成协议，为自己争取到最大化的利益。

商务活动，拒绝有“礼”扬气场

通常情况下，我们很难将拒绝的话说出口，但是有的时候必须做出拒绝，尤其是关乎企业和个人未来的商务洽谈。拒绝对方要懂得一些技巧，既不会让对方下不来台，又不会损害自己的利益，此时你的气场就出来了。

1.拒绝对方要注意时机

澳大利亚的一家著名女鞋公司希望开拓美国市场，因为他们不了解美国市场，不知道美国市场的需求与缺陷，所以亟须找一个可以推销其产品的美国代理商。当澳大利亚公司准备与一家美国代理公司商务会谈时，谈判代表因为司机开车走错方向迟到了。美国公司的谈判代表不断地强调此事，想以此胁迫澳大利亚公司获取更多的优惠条件。美国公司的代表提出了很多条件，让澳大利亚的代表感到很恼怒。澳大利亚代表认为对方根本是在趁火打劫，于是在双方稍微冷静下来的空隙站起来说：“对于迟到这件事我们十分抱歉，耽误了您的时间。可这绝非我们的本意，我们对美国的交通状况了解不足。但是贵方提出的条件太苛刻了。我想合作的事双方可以再仔细考虑考虑，再约个时间继续谈。”

拒绝对方要找准时机，不能想什么时候说就什么时候说，想说什么就说什么。如果在双方情绪都很激动的时候拒绝对方，对方会难以忍受，认为你是故意这么做的，甚至会做出过激的反应；如果在对方刚刚提出建议的时候就断然拒绝，对方会觉得你没有礼貌、不尊重对方，是个独断专行、自私冷漠的人。即使有充分的拒绝理由，也要选择合适的拒绝时机才能得到对方的理解。拒绝别人不选择恰当的时机，会给对方留下糟糕的印象，尤其是在拒绝朋友的请求时，需要充分照顾到对方的情绪，否则可能会失去彼此的友谊。

拒绝别人时，要经过认真的考虑，选择合适的时机拒绝对方，还需要有对方能接受的、合适的理由。

2.拒绝时不可把话说绝

一家食品加工制造公司准备筹建新产品线，向合作多年的银行寻求融资，双方已接触过几次，这次是进行最后洽谈的时机。公司的代表表示为了引进设备，以公司大厦作为抵押，希望贷款 5000 万元，利率为 6%，5 年后一次性清偿本息。银行其实并不愿意支付这笔贷款，银行代表表示根据银行的估价，食品公司的大楼不足以抵押贷款 5000 万元。公司代表说："我公司是银行的老客户了，每一次贷款都做到了如期归还，一向信誉好，不能放宽一点条件吗？这一次是因为要引进新产品线和新设备，资金不足所以向银行贷款。"银行代表坚持地说："但是这次贷款时间太长而利率又太低，贵公司是否考虑利率为 8%，每年还款，分 5 年还清？"公司代表说："我们各退一步，5 年内偿还，但是利率 7%，可以吗？"经过了一番讨论，双方达成了协议。

最糟糕的拒绝方式就是把话说绝，一点余地也不给人留。对方将你当作救命的稻草、唯一的希望，你却坚决地告诉对方，你不能帮助对方；对方是你的知己好友，好友有难，你却想都不想直接告诉对方你无能为力。

推己及人换位思考，如果你成为被干脆拒绝的对象，会是什么样的感受？在拒绝时把话说绝会让对方觉得你根本不想提供帮助，给对方糟糕的印象，觉得你见死不救，冷血无情。如果对方的确已经到了走投无路的地步，而你确实无能为力，果断的拒绝会让对方感到绝望，失去信心。对方有困难时，即使不能提供帮助，在拒绝时也不要把话说绝。

商务活动中，你代表的不仅是个人的形象，还代表着公司或企业的整个形象，拒绝有“礼”，才能不失礼。

商务宴会中的酒桌礼仪

在中国文化中，酒文化是非常特别的存在：有史以来，酒在社交过程中都占据了非常重要的地位，宴会中，没有酒的衬托，往往难显其隆重性，也不足以显示宴请者的热诚与宴请的礼节，尤其是商务宴会。但是，国人对饮酒过度注重，“以酒量判断生意”的做法也往往会让国际友人感到困扰。

沃伦首次来到中国分公司时被中国的酒桌礼仪吓坏了！

到达的次日，几位不同部门的经理负责为他举办迎新宴，并称之为“接风”。这让原本就对中国文化很好奇的沃伦感觉非常新奇。

刚开始一切都很美好，但是，当同事们开始劝他喝酒后，气氛开始变得怪起来：他从小身体就不是太好，所以极少饮酒，在喝过一瓶红酒后，中国同事们竟然还叫了烈性的白酒来。在他拒绝后，几位中国同事开始互相喝了起来。席间，一些类似于“你不喝是不是看不起我？”“干了这一杯，咱们的合作更愉快！”一类的话语不断地蹦出来。

虽然最后没有喝到大家都烂醉，可是沃伦也有些不舒服：喝酒与工作有什么关系呢？为什么在喝酒时要将工作顺不顺利拉在一起？而且，只是一个欢迎宴会。有必要非要喝那么多酒吗？

在现代交际中，酒的确可以让拘谨的中国人显露出真性情。但是，在正式的商务场合中，不当敬酒，不当劝酒的行为，都会对你的商务形象产生负面影响，当然也会减弱你在他人眼中的气场。

1.如何为宴会选酒

宴会上多是由主人负责选择酒，如果你是宴请者，但是你自己不饮酒或者对酒类不熟悉的话，你可以向服务人员进行询问——在宴会期间让客人选酒是一件很难堪的事情，因为对方不知道你到底准备在酒上花费多少钱。

哈佛经理培训课程中指出，如果考虑预算，酒水的花费控制在总花费的比例在四分之一到三分之一之间较合宜。若你不知道具体应该选择哪种酒，但已经确定了酒的预算，你可以将服务生叫来，并指着酒水单上价格相同的酒类，然后，向服务人员要求：“我想找一个与这个酒价位差不多的，这种酒我们经常喝，现在，

我们准备换个口味。”聪明的服务人员会立即向你推荐在这一价格范围内的酒。

2.正式场合中的饮酒细节

正式的宴会上，会有专门的服务生来为你倒酒。在这种场合中，如果你不期望再喝酒的话，不需要将杯子倒过来，只需要在服务生过来倒酒时，告诉对方：“谢谢，不需要了。”此时，服务人员自然会将你的酒杯撤掉。

不需要向他人特意地解释你对酒精过敏，或者你身患疾病不能饮酒，正式场合中，没有人会在意你喝不喝酒——在大家需要碰杯的时候，使用清水或饮品代替完全可以。同样，向他人询问对方为什么不喝酒也是绝不应出现的行为。

3.把握好敬酒的时机

敬酒是在特定场合或者庆祝活动中，表示认可的最完美方式。一般情况下，主人会在宴会正式开始前向客人敬酒，并以此来表示对所有客人的欢迎，在主人敬完酒后，才会轮到客人敬酒。如果客人想要向所有人敬酒的话，应该首先征询主人的意见。

太长的祝酒词往往会让人产生参与低效率会议的感觉，所以，你的祝酒词不要过分啰唆，简练大方的祝酒词往往能够让人产生更深刻的印象。

4.向主宾敬酒时的礼节

如果有主宾出席宴会的话，中餐在等待上菜时、西餐在餐后甜品时祝酒都是非常好的机会。主人站起来向主宾敬酒时，除了主宾以外，每个人都应该喝——如果你是主宾的话，此时只需要微笑即可，不需要碰你的酒杯。待主人坐下后，主宾应该回敬主人，此时，主宾可以将酒杯中的酒喝完。

就算你不喝酒，或者你的手边只有盛放了酒类的杯子，你也可以送到嘴边，假装喝一口，然后再放到一边。

5.别把敬酒变成劝酒

在酒席间难免会需要向他人敬酒，但是国人往往会喜欢将敬酒变成劝酒，而那些本身就不善饮酒的人在面对这种劝酒时，难免会产生厌恶之情。如果你期望自己在宴会上的礼仪更加完美，你便应该注意。

（1）只敬不劝

只能敬酒，但不要劝酒，对方能不能喝、愿意喝多少按对方的意思来，千万不要说那种“你不喝就是看不起我！”一类的强硬敬酒词——除非你想把你们之间的关系搞僵。

如果你发现自己宴请的宾客是单独开车来的，那你最好不要劝对方喝酒。

（2）倒酒时注意细节

给别人倒酒时，拿酒瓶的手要手背向上，不可翻腕倒酒；

在倒白酒时，要听被敬酒人的态度，不可强行倒满，当对方说：“可以了。”你要立即停止倒酒，而不是强硬地将对方的酒杯倒满；

在倒红酒时，更不能倒满，只能到酒杯的1/3处；啤酒是可以倒满的，但是倒酒的速度要慢，以避免酒的泡沫溢出来。

（3）他人为你敬酒时

当别人为你倒酒时，使用单手扶杯，或者一只手的中指与食指微微弯曲，轻轻叩击桌面，以示感谢。切不可不理会敬酒者，那样只会让人感觉到你非常傲慢。

有人向你敬酒时，尽量不要拒绝，但也不要一饮而尽，如果你真的不能多喝的话，态度诚恳地向对方说明，你不能多喝。若对方强硬要求也不要过分抵抗，尽自己的力量喝下去——但在下一次要参与有此人的宴请时，你便应慎重地考虑是否参加，或者如何与对方错开桌子坐。

如果你发现与自己一同赴宴的同事或者合作伙伴明显有些饮酒过量，你可以在暗中偷偷阻止对方喝酒，多为他提供一些食物是不错的转移视线方法。

你需要进一步明确一点的是，面子并不是靠喝酒多少拼来的——事实上，如果你身边有那种经常需要上酒桌应酬的人，问一下他们你便能够知道：如果有可能，他们更愿意与不喝酒的人坐在一起吃饭、谈事，尤其对于外国友人来说，过分劝酒不仅不习惯，更会认为是一种不尊重他人的表现。

另外，喝酒可以，但是喝醉了就不好了。酒桌上，有人总是喜欢把一个人灌醉。遇到刁钻的劝酒高手，不妨找个无伤大雅的借口离席。比如，打电话给老婆，让她不断地给你打电话，这样，别人再怎么劝酒，都无法挡住你回家的脚步。

餐饮小礼仪：让菜不夹菜

中国这个礼仪大邦，素来以热情好客著称，但凡事讲求一个“度”，有时候在你看来的一个热情的动作，却很可能招来别人的不悦，比如，夹菜。在中国，很多人认为，作为客人，可能出于礼节，不愿主动夹菜，于是，他们便充当了别人的筷子，为客人夹菜，但实际上，他们的这一做法是有失礼节的表现，同时也是有损气场的表现。

琼斯是个在中国北京的留学生，和大部分留学生一样，她在中国也有一些朋友，她的这些朋友，大部分都是地道的北京人。

这天，琼斯受到王欣全家人的邀请去她家吃中国菜。王欣告诉琼斯：“我外婆是四川人，今天她老人家亲自为你做川菜，你有口福了。”

王欣刚到家，老太太一桌川菜就做好了，其中，最显眼的就是圆桌中间的五花肉火锅，这道菜简直让琼斯馋得流口水。于是，琼斯刚坐下，老太太就走来，夹了很大一块肉放到琼斯碗里，对琼斯说：“你这孩子，大老远来中国，真怪辛苦的，今天婆婆好好犒劳你。”这时，王欣对外婆使了个眼色，可是老太太眼神不好，哪里知道王欣的个中含义，还只顾为琼斯夹菜，琼斯从小生长在美国，很不习惯中国人的这种宴请方式，但又不好拒绝，只好把自己的想法告诉王欣，聪明的王欣在饭桌上说："外婆，琼斯不是很喜欢吃这肉里的葱，你能帮我倒杯水吗？"趁这个空当，王欣就为琼斯换了个碗。

饭吃到最后，琼斯要离开时，她对王欣说："哦，上帝啊，这顿饭吃得可真是辛苦，不过还是谢谢你的外婆，她太好客了。"

琼斯走后，王欣把饭桌上的事告诉了外婆，老太太笑着说："我这个老太婆，尽顾着让这孩子吃饭，都忘了礼节了。"

事例中，琼斯在中国朋友王欣家吃的这顿饭，再次告诉大家：用餐过程中为表示友好、热情，彼此之间可以让菜，劝对方品尝，但不要为他人夹菜。尤其对外国客人不要反复劝菜，因为国外没有劝菜的习惯，应由其本人决定吃不吃。

关于餐饮礼仪，你应当注意：

1.尽量不要为他人夹菜

在用餐时，爱吃什么与想吃多少，讲究的是大家自己照顾自己。主人只要在口头上对来宾相劝即可，千万不要热情过了头、越俎代庖，动不动就下手替别人夹菜。你不知道他爱不爱吃，你又不是他肚子里的虫子，你夹了他就得吃，这有强迫服务之嫌。那样做不仅会让人勉为其难，而且还会造成餐具使用上的不卫生。

2.必要时可使用公筷

为客人夹菜本是一种传统礼仪，但是一定要注意方式方法，不要用自己的筷子给客人夹菜，而应使用公筷。

在你认为，给客人夹菜是为了表示你的热情，但是若用自己的筷子为对方夹菜，会让对方误会，尤其是国外的宾客。而最重要的是，现代饭局上，使用公筷，更是一种知礼节的表现。

可以说，中国人的待客热情在餐桌上最能体现。主人为尽地主之谊，怕怠慢宾客，热情地劝酒、夹菜，好像不这样做就不足以表达自己的热情程度，但是从卫生和礼节上考虑，你应该注意到：对方好像并不太喜欢你这样“热情”的方式，这时候你应该尊重宾客的意愿，这才是正确的待客之道。

饮茶：避免失礼行为

我国是茶叶的原产地，茶叶产量堪称世界之最。饮茶在我国不仅是一种生活习惯，而且是一种源远流长的文化传统。中国人习惯以茶待客，并形成了相应的饮茶礼仪。按照我国传统文化的习俗，无论在何种场合，敬茶与饮茶的礼仪都是不可忽视的一环。懂得饮茶不仅体现了一种生活品位和内在涵养，还体现出一个人由内而外散发的气场。

敬茶、饮茶应注意以下几点文化礼仪。

1.对于重要客人不可用一次性纸杯盛水待客

章静在一家公司做秘书。有一次，公司接待几位很重要的客人，经理一再吩咐不能怠慢，公司下半年的利润就在此一举了。听了这话，章静自然不敢掉以轻心，格外慎重地准备了上好的茶叶招待客人。只是在上茶前，经理突然想起来以往都是用一次性杯子，于是暗暗给章静使眼色，意思是让她不要用一次性杯子泡茶。可惜章静没有领会到经理的意思，还是拿出了一次性杯子为客人泡茶。经理见已经无法挽回了，只能对客人嘘寒问暖，引开客人的注意力。好在客人不是很挑剔，最后仍顺利地签订了合约。事后，经理再三告诫章静，以后在给重要的客人倒茶时，千万不可再用一次性杯子。

用一次性纸杯待客显得对宾客不重视，有些敷衍，也是不够礼貌的做法。一次性纸杯给客人感觉是：自己和主人的交往是一次性的。虽然能“杜绝病菌入侵”，符合“科学”，却不符合“人情”。

对于一些常来常往的朋友或客人，使用一次性纸杯待客时，应该在水杯上加上杯托。待客的杯子应该干净且没有残损。

2.要按次序上茶

小兰是一名大三学生，由于课业不十分繁忙，于是，她利用课余时间找了一份“展会礼仪”的兼职，想赚点零花钱。一开始，她以为做“展会礼仪”只要站在那里保持微笑就可以了。上了几天班她才发现，这份工作真是名副其实，处处需要注意礼仪礼节。比如说给来宾上茶，她原以为只要将茶稳稳地端到来宾面前就算大功告成，却没想到有那么多讲究。第一次上茶的时候，她没考虑到上茶次序，而是走到哪里便随手放下。负责人看到之后连忙告诉她，上茶一定要按次序，不然是对来宾的不礼貌。小兰赶快向旁边有经验的“老员工”学习，依次为来宾们上好了茶，这才深呼了一口气。她心想：礼仪真是一门学问，要学的恐怕还多着呢。

上茶不按次序，即使茶是好茶，也不算是做到了礼貌相待。

同时，招待长辈和晚辈时，不按次序上茶，客人们会认为主人不懂得长幼尊卑；两个单位会谈时，接待方不按次序上茶，客方会认为招待方不够正规，因而很可能影响到双方的合作。不按次序上茶，客人会认为主人刻意对某些人表示不屑。不按次序上茶，还会使互不熟悉的客人混淆彼此的身份，不利于彼此交往。

上茶时应遵循一定的次序：应该按照客人的身份、地位高低依次上茶。不知道客人身份、地位时，可以按照顺时针方向依次敬茶。招待外单位客人时，应先给外单位的客人上茶。

3.敬茶不可满杯

儿子高中时代的班主任刘老师要来家中做客，李女士得到消息之后十分重视。她心想，一定要好好招待这位老师。因为当时，她那个处于青春期的儿子十分叛逆，多亏了刘老师才提高了成绩，考上了重点大学。李女士对这位刘老师十分敬重，于是，她先是准备了一桌好菜，又拿出了家里最好的茶叶，泡好了茶。

当她的儿子引领刘老师进门后，李女士和爱人连忙热情地请刘老师就座。李女士亲自为刘老师倒茶，为了表示敬意，倒了满满一杯。刘老师一边道谢，一边端起了茶杯。可能是杯中的茶太满了，有一点水溢出来，洒到了刘老师的腿上。李女士这才发觉，自己倒茶倒得太满了。幸好当时是冬天，衣服较厚，才不致将刘老师烫伤。李女士感到十分歉疚，不过好在刘老师是十分随和的人，所以这次会面还是很愉快的。从此之后，李女士得出了一个心得：敬茶不像敬酒，并不是越满越好。

俗话说：酒满茶半。我国茶文化博大精深，敬茶时只沏八分满，为上礼。敬茶敬满杯不代表大方、热情，反倒是不合礼仪的。

中国有“茶满欺人”之说。因为一般都是用开水冲茶，茶水倒得太满，水容易溢出，会烫到客人的手，或者洒到桌上或地上。另一方面，茶水倒得太满，主人端杯时容易将手指浸泡在茶水中，这自然是很令人反感的。

敬茶时要谨记：倒水至七八分满即可。敬茶时要平稳，应避免茶水溅出，不要让茶水淋湿客人的衣服或文件。敬茶时，应用双手或右手平稳地递上。

4.敬茶后要及时添茶

李小姐是某公司总经理办公室助理。某天，几位重要客户来到公司拜访，恰好赶上经理暂时外出。李小姐告知客户，经理很快就会回来，请他们耐心等候片刻。于是，她先将客户们请进会客室，为他们泡好茶，并一一将茶杯倒满，便退出了会客室。李小姐出去后，便去忙自己的工作，连续接了几个电话，又处理了几桩琐事。大概过了快四十分钟，经理才从外面回来。经理回来后便进了会客室，看到等待多时的客户，经理内心充满了歉意。同时，他注意到，客人的茶杯都已经空了。这让他对助理李小姐十分不满，认为她没有给客人添茶，怠慢了来访的客人。客人一走，经理就批评了李小姐，并告诉她不能如此接待客户，客户的杯子里需要添茶了，就应及时地去做。李小姐恍然大悟，知道了自己在礼仪方面做得不周全。

敬茶之后并非就可以不管客人了，还要记得添茶。

敬茶之后不添茶，等于是告诉客人不想再招待他。在中国传统礼仪上，敬茶讲究“不过三杯”。但是，如果只敬一杯，显然是不够大方得体的。

如果主人的茶叶是上品，主人只敬一杯，客人会觉得主人太小气，太不近人情；如果客人是初次到访，只敬一杯，客人会认为主人欺生；如果客人是熟人，只敬一杯，客人会觉得主人与自己疏远。可见，添茶是非常重要的一道工序，万万省不得。

吃好西餐，不出洋相

西餐是目前世界上最流行的餐饮形式。在我国，西餐已经在商业会餐中扮演着非常重要的角色。然而与规矩颇多的中餐礼仪相比，西餐虽然没有那么多规矩，但是想要吃好西餐，不出洋相，还能吃出气场，那就需要掌握一些西餐礼仪。

1.西餐的台位摆放与座次安排

第一，西餐的摆台。根据不同的宴会形式和规格，有不同的摆台方法。家庭宴会和便宴中，台面的布局要合理，还要保持餐具的整洁美观。如果周围的环境布置能够有条不紊、秩序井然，会使来客的心情更加舒畅，也会为主人赢得赞誉。

常见的西餐餐台形式有：便宴台、冷餐台、宴会台和鸡尾酒会台、茶会台等，就餐方法不同，台面设计和摆法也不同。一般在宴会上，4人以下的用小方台和小圆台；6 ~ 8 人的可用两张方桌拼接，两头各坐一人，其余分坐两边；10 人的可用三张桌子拼接；12 人的可用四张桌子组成，正规餐座的个人座位宽度不应小于 60 厘米。当然，家宴时主人也可以用圆台，一般以便宴台为主来设计，台面摆设也比较简单。

第二，桌次安排。排列餐桌时一般采用长方形，若人数较多，也可采用T字形。对于气氛比较严肃的商业谈判，则可以采用U字形来排列餐桌。一般的宴会则要避免使用U字形排列方法。桌次的高低依据离主桌位置的远近且右高左低，桌次多时应摆上桌次牌。

第三，席次安排。餐会主人一般在餐会开始前半小时到达，预先安排餐会事宜。在比较正式的西餐宴会上，男、女主人分坐长桌两头，女主人右手边的第一个位子为第一男主客的座位，左手边的第一个位子为第二男主客座位。反之，男主人右手及左手边的第一个位子，也是第一及第二女主客的位子。在座次安排好之后，最好能在每人的位子前放置标有姓名的牌子，以免来宾乱坐。一般比较讲究的西餐厅，都备有此种牌子。

西餐宴会也特别强调主人的角色，主客角色分明。另外，就是一般要男女交叉来坐，男女分开来坐的做法是不合礼仪的。但是，如果是商业性或公务性的餐宴，为便于谈公事，也可以不受这些规矩的束缚。此外，夫妻通常要分开来坐，以便于各自同其他人交谈，融洽气氛。

如果是一男一女同去餐厅，一般男士要坐在女士的左边，男士还要注意不要让女士坐在过道旁边。如果有一个靠墙的位置，则女士坐靠墙的位置，而男士坐在她的对面。

如果是两对夫妻同时就餐，夫人们应坐在靠墙的位置上，先生则坐在各自夫人的对面。

如果两位男士陪同一位女士进餐，女士应坐在中间。

如果是两位同性进餐，靠墙的位置应让给年长者。

无论是入座还是离座，均应从座椅的左侧进出。

另外，在正式宴会上，西餐席位的高低也跟中餐礼仪一样，依据离主人座位的远近而定。

非正式接待时，以女主人的席位为首位，主宾坐在女主人右侧；主宾夫人坐在男主人右侧。

在桌次较多的西式宴会上，除主餐桌以外，每个餐桌上都有第一主宾席位，它的摆放与主桌一致，其席位排列顺序也与主桌相同。

长形方桌的排列方式有两种：一是将男、女主人的席位安排在长桌的两端，男主人在上，女主人在下，互相对望；二是将男、女主人的席位安排在长桌两旁的末端。

2.西餐菜式及特点

第一，意大利菜。意大利菜肴最注重保持菜肴的原汁原味，汤汁厚而浓稠。擅长使用番茄酱、酒类、柠檬、阿里根奴及帕米森奶酪等作为食品调味料。意大利菜对火候的要求也很讲究，该熟透的一定熟透，该煮烂的一定煮烂，而有些菜肴要求烹制成六七成熟，牛排要鲜嫩带血，做米饭和面条、通心粉也都要有硬心。烹调方法以炒、煎、炸、红烩、红焖等著称，烧烤的菜不多。

意大利人习惯以米、面做菜。意大利人做面条的方法多达几十种，可煮、烤、炒，佐食肉类菜肴等。

典型的意大利菜肴有意大利菜汤、罗马式鸡、比萨饼等。

第二，英国菜。英国烹饪法根植于家常菜肴，所以英国菜素有“家庭美肴”之称。只有家里喂养、产出的原料才能赢得大家的喜爱，所以英国菜选料也比较简单。虽然是岛国，但由于海域产鱼并不多，所以英国人不太常吃海鲜，而比较偏爱牛肉、羊肉和禽类等。

英国菜最重要的特色就是，要尽可能有效地使用优质原料并保持原材料的原有滋味。英国菜的烹调对原料需求不多，一般是用单一的原料制作，要求厨师不加配料，以保持原料的原有滋味。

英国菜烹调相对来说比较简单，配菜也少而简单，香草与酒的使用不多，常用的烹调方法有煮、烩、烤、煎、蒸等。常见的英式菜有土豆烩羊肉、牛尾汤、烧鹅等。

第三，美国菜。美国盛产水果，用水果做菜肴的原料相当普遍。美式沙拉经常采用水果制作，如用香蕉、苹果、梨、橘子等；另外，在热菜中，如苹果烤火鸡、炸香蕉等，也常使用水果。

美国菜由英国菜派生而来，口味也由传统的咸、甜趋向于清淡、生鲜。素食和生食比较盛行。

烹调方法以煮、蒸、烤、铁扒为主。

典型的美国菜有苹果黄瓜沙拉、华道夫沙拉、美式螃蟹杯、美式煮鱼、姜汁橘酱鱼片、美式花旗大虾等。

第四，俄罗斯菜。俄罗斯气候寒冷，人们需要较多的热能，所以传统的俄式菜一般油性较大，口味也较浓重，而且酸、甜、咸、辣俱全。烹调方法以烤、焖、煎、炸、烩、熏为主。

俄国人爱吃小吃，更擅长做菜汤。俄式小吃品种繁多，花样齐全，风味独特，在全世界首屈一指。俄式小吃主要指各种冷菜，其特点是生鲜，味酸咸，如鱼子酱、酸黄瓜、冷酸鱼等。菜汤也是俄国人每日餐饮中不可缺少的菜肴，一般用肉类以及多种蔬菜加调料制成。常见的菜汤有六十多种，光鱼汤就有很多种，莫斯科的红菜汤就颇具盛名。

典型的俄罗斯菜有鱼子酱、莫斯科红菜汤、莫斯科式烤鱼、黄油鸡卷、红烩牛肉等。

3.西餐餐具的使用方法

西餐中常见的餐具有刀、叉和匙三大件。刀分为食用刀、鱼刀、肉刀、黄油刀、水果刀；叉分为食用叉、鱼叉、肉叉、龙虾叉；匙则有汤匙、甜食匙、茶匙。公用的刀、叉、匙规格明显大于宾客用餐的刀、叉、匙。正规的宴会上，每一道菜均配有一套相应的餐具，并按菜单中设计的上菜顺序由外向内排列。西餐餐具的具体摆放方法如下。

第一，刀与叉的拿法。正式的用法是：右手拿刀，左手拿叉。刀、叉分别夹在左右手拇指和中指之间，食指用力。切记，不可以用全部手指握住刀、叉，否则会破坏整体平衡，姿势也不雅观。

第二，刀与叉的使用方法。菜肴上桌后的基本动作是：左手拿着叉子压住菜肴的左端，使之固定不动，右手顺着叉子的侧边用刀切下约一口大小的食物，然后左手拿叉将菜肴叉起，直接将菜肴送入口中。

没有吃过西餐的人，可能对如何轻松地切开食物有些困难，这时我们就要从改正姿势开始。用餐时，将肩膀与手腕放松，两臂不要张开，刀与餐盘的角度保持在 15° 左右。两手肘不宜过高，否则会使刀、叉角度过大，而呈直立状态；肘也不宜过低，使刀、叉呈倒下状态，而不能将菜肴好好切开。

依菜肴的特性，可自由地变换叉子的拿法以方便用餐。当叉起食物时，叉子的背面向上；如果是舀起食物，叉子则正面向上。

左撇子就餐时，餐具还是以大部分人使用右手的习惯来摆放餐具，只是用餐的时候，自己调换刀、叉使用就行了。用餐完毕后，刀、叉要依原来的顺序并排放在盘子的中间。

第三，暂停食用菜点时刀、叉的摆放规矩。西餐的暂停用餐和停止用餐都是以餐具的摆放来表示的，那种跟服务员说“我还没吃完”的做法是很丢面子的事情，所以在西餐中一定要掌握这些规矩，才不至于失礼。

客人通过对刀、叉的不同摆放方式来传达用餐信息，服务员依据这个信息来判定是否要收盘子。如果席间你想暂停用餐，应将刀、叉呈八字形摆放在餐盘上面。

对于暂停用餐，英国人、法国人的示意方法不尽相同。

英式：叉在左边，面朝下，刀在右边。刀、叉无须交叉，只要将刀、叉在一盘子中间摆成八字形，且注意不使其滑落即可。

法式：叉在左边，面朝下，刀在右边。将刀、叉交叉斜放。

第四，表示用餐完毕时刀、叉的摆放规矩。餐毕时，习惯上将刀和叉并排放在一起，刀柄和叉柄均朝向自己的胸部。

法式是将刀、叉齐置，柄的部分稍稍往右放即可；英式是将刀、叉齐置，柄的部分放置于六点钟方向。一般为表示对他人的尊重，刀刃部分朝内放置；对于叉子的摆放，欧洲人习惯叉面朝下，美国人则不在意叉子的朝向问题。

4.吃西餐的讲究

第一，切肉的讲究。用餐时，一般用左手拿叉子将肉压住，再用右手拿刀从右侧靠近叉子的部位切下，切肉的时候不要切得太大，够吃一口即可，如果不慎切大了，按照原来的方法再切一下。切好肉后，直接用左手拿叉子将肉叉住，送入嘴里。切肉时，注意避免刀、叉与盘子相撞发出响声。

为轻松起见，切肉时先放松肩膀，确定叉子已经压住肉不动时，再用刀头用力切下，然后轻轻移动刀身。刀向前伸的时候用力，拉回时不要用力，这样即可以轻松地切好肉食了。

点餐时，会附带一杯调味酱。先将调味酱钵拿到盘子旁边，以汤勺取酱料时要注意不要滴到桌巾上。用调味酱正确的方法是：取适量的调味酱放在盘子内侧，而不是直接淋在肉上。吃的时候，切小块肉蘸食。调味酱的量约以两汤匙为宜。取完调味酱后，将汤勺放在调味酱钵的侧边，并传给下一个人。

切肉的时候，注意不可将肉切成一块一块的，否则不符合礼仪规矩，也会使肉汁流出，破坏肉的鲜美，而是应该吃一块切一块。

第二，西式饮酒的讲究。西方的饮酒和东方的不一样，如果你本着把对方灌醉的方法去招待他，那么，愿本谈好的项目也会告吹。因为在西方人看来，劝酒、灌酒是不尊重他本人的表现。

西餐中，饮酒可分为饭前、饭中和饭后三种情况。

饭前酒（开胃酒）。这种酒多是在客人还没有入席的情况下请客人喝的。比如，鸡尾酒、威士忌、麦亨登、浮毛斯、马丁尼以及啤酒。另外，果汁、汽水也放在这个时间饮用。注意不要多喝，本来饭前酒是为了开胃的，多喝会有饱腹感。

进餐酒。此时的酒是配合菜肴的。比如，醴酒、白酒、红酒、香槟酒，中国的黄酒、绍兴酒等也可以用。正式西餐中，每上一道菜，就会有酒奉上，当然，酒随菜的不同而改变。

饭后酒或称助消化酒。此时的酒多为白兰地、雪醴及薄荷酒等。

值得注意的是，在西方，酒只倒半杯，表示对客人的尊敬。

第三，喝汤也有讲究。西餐喝汤也有颇多讲究，下面我们就来看看，在西餐宴会上喝汤需要哪些讲究。

如果汤汁盛放在带有两个把手的汤杯中，可以用双手握着把手，把汤杯直接凑到口边饮用，再用汤匙舀取汤中的食物。喝汤时将小汤匙放在汤杯的旁边，而不要放在汤杯里面。

如果汤杯是没有把手的，那么就需要使用汤匙来舀取汤汁。用汤匙舀汤时，注意不要装得太满避免溢出。另外舀汤的方式也分英、法两种：英式是由内向外舀；法式是由外向内舀。基本上，这两种方式都不会违反礼仪习惯。

喝汤的时候尽量不要发出响声，特别是在公共场合或是比较正式的宴会上，那是非常失礼的。

喝汤也不能吸着喝，而应用汤匙将汤舀起送入口中。喝汤时，身体的上半部略微前倾，汤匙与嘴倾斜 45° 较好。当汤汁剩下不多，舀汤变得不容易时，可以将汤杯稍微向外侧倾斜，以方便舀取。

关于西餐礼仪，无论是追求高尚的情调还是商务社交的需求，想要高雅地享用西餐，吃出气场，必须对西餐的礼仪有所了解，千万不要忘记上述吃西餐的注意事项。

第九章
涉外礼仪展现国际风范

Chapter 9

随着改革开放，世界经济大融合，国与国之间的交往越来越密切，因而懂得涉外礼仪是提升气场以及与国际友人交往必不可少的一门知识。

遵循国际礼仪，入乡随俗不失礼

世界上不同的国家和地区有着不同的礼节习俗，甚至有些礼节习俗完全相反。如果入乡不问俗，往往会造成误会，引起主人的不快，或者使自己陷入尴尬的境地。因此，在国际交往中，要懂得尊重各国不同的民族传统和风俗习惯，做到入乡随俗，不失礼。国际礼仪也体现了一个人的气质、涵养，如果懂得国际礼仪，并且能恰当灵活运用，也能强大一个人的气场。

入乡随俗，首先必须尊重对方所独特的风俗习惯。在前往其他国家或地区学习、参观、旅游、工作时，我们要事先了解该国的风土人情、礼仪习俗，熟悉该国的政治制度、经济发展情况和历史文化等传统，以免造成不必要的误会。

由于政治、历史、传统、环境等方面的原因，世界各国之间、东西方之间的文化有很大的差异。在一些地方认为是理所当然的事，而在另一些地方则认为是不合规范，甚至是大逆不道的。

中华民族是个热情好客的民族，对待造访的客人，总喜欢准备丰盛的美味佳肴，摆上满满的一桌，唯恐对客人招待不周。而一些欧美国家的习俗就不同。比如，英国人在家里请客，不会在桌上摆满美味食品，而只是准备一些非常简单的饭菜：千篇一律的烤牛肉，一盘蔬菜沙拉，几块三明治，一些甜点、咖啡和饮料。他们认为，这样的待客方式既方便又不浪费，花费大量的钱财用于请客，毫无必要。除此之外，女主人还可以从繁忙的厨房里解脱出来，安心地陪客人聊天，不必担心厨房里的什么东西烧煳了，或者是哪盘菜放凉了。这样的请客方式与我国的宴请习俗大大不同，我们不能对此表现出大惊小怪，认为对方小气，所以，最好的行为，就是入乡随俗。

在时间概念上，各种文化的理解也是不同的。西方人惜时如金，他们认为："时间就是金钱。"为此，他们把"守时"作为"讲信用"的

行为，“迟到”就是“不讲信用”的表现。

在美国，如果是由主人自己驾车，主人会让客人或主要客人坐在驾驶人旁边的副驾驶座位上，他们认为这个座位才是上位，不仅可以与客人方便地聊天，还可以让客人更清晰地饱览一路的风光美景。这也成为国际上普遍使用的礼仪规则。但并非所有的国家都是这样执行的。

日本人对于坐姿有自己的规矩。最正式的姿势叫作“打坐”，即人跪着，然后坐在脚跟上；也可以采用较为舒适的“趺坐”，即盘腿而坐。但不管是“打坐”还是“趺坐”，外国客人大多是不习惯的。

由于各个国家文化习俗、宗教信仰等的不同，我们在国外时，应当事先了解该国的风俗习惯和饮食禁忌等，做到入乡随俗，在外国友人面前展现我们来自礼仪之邦的国际大气场。

亚洲主要国家礼仪文化

亚洲是七大洲中面积最大，人口最多的一个洲。亚洲绝大部分地区位于北半球和东半球。亚洲是世界三大宗教佛教、伊斯兰教、基督教的发源地。亚洲有 48 个国家，主要国家有中国、印度、日本 、韩国、泰国、阿富汗、亚美尼亚、 新加坡等。

1.日本礼仪文化

日本是一个非常重视社交礼仪的国家。在日常生活中，日本人多以行鞠躬礼作为见面时相互问候的表达方式。鞠躬礼不仅在见面时使用，在道别、表示感谢或道歉等场合也频繁使用。日本人在行鞠躬礼时会根据社会地位的高低或年龄的大小来决定谁先行礼。

一般情况下，年幼或地位低者为表示尊敬会首先鞠躬。此外，鞠躬弯腰的角度不同，其所表示的含义也不相同，角度越大表示越尊敬、越亲切。男性在行鞠躬礼时，两手自然下垂放在衣裤两侧，女性在行礼时多数将双手放在身前，以向对方表示恭敬。在国际交往中，日本人已经逐渐习惯用握手代替鞠躬，尤其是与国外接触较多的人在初次相见时一般都使用握手礼。与日本人握手时，身体要保持前倾并直视对方眼睛，右手的力量要适中，太用力会给对方造成不愉快的感觉，力量太小又传达不了善意。需特别强调的一点是不要边握手边鞠躬，这会让他们感到手足无措。

日语中的“敬语”比较丰富，所以和日本人打交道时，要充分了解他们使用敬语的对象、场合及表达形式等关键问题，以避免因为不用或错用敬语而失礼。

微笑已成为日本人礼仪中不可或缺的一部分，他们认为交谈时面带微笑是礼貌交际的表现。日本人不仅高兴时微笑，在处于窘迫、忧伤、愤怒时也同样如此，究其原因是日本人讲妥协，讲调和，强调以“和”为贵，而微笑正好用来表达内心的谦恭礼让，用以维持人际关系的和谐。

2.韩国礼仪文化

韩国是一个非常讲究礼仪的国家，日常生活中处处体现了礼仪。韩国人受儒教思想颇深，尊师重道是韩国礼仪的核心。

韩国人崇尚儒教，尊敬师长。早晨起床或饭后都要向父母问安；父母外出归来，子女要上前迎接；吃饭时，父母长辈未动筷，子女不可先动筷。老人、长者进屋，晚辈要起立问候，并主动让座，长辈未坐下，晚辈不可先入座。与长辈、老人谈话，态度要恭敬，不可表现出不耐烦或是做些小动作。晚辈、下级走路时遇到长辈或上级，应鞠躬、问候，站在一旁，让其先行，以示敬意。

在正式场合，男士之间常以握手或者先鞠躬、后握手的方式作为见面时的礼节，握手时要用右手或者双手握住对方，也可在握手时点点头以表示友善。在韩国，男女之间或女性与女性之间一般不会用握手礼，而是以点头或鞠躬代替。受儒家礼教思想的影响，韩国社会还保留有比较严格的等级制度，在告别时，若对方身份地位很高，则往往需向对方多次行礼，有时甚至要说一句告别话、行一次礼。

在韩国，见面时的礼节性称呼也很有讲究，一般不直呼别人的名字。在正式的场合，对男性一般称呼“先生”，女性称呼“小姐”“夫人”，或者在姓后面加上他们的职业或职级，例如“李先生”“崔次长”等。在关系亲密的朋友之间，当对方是比自己年长的人时，往往会在对方名字之后加上“兄弟”“姐姐”等称谓，如“先哲兄弟”“京珍姐姐”等；当对方是自己平辈或比自己年幼时会直接称呼对方名字。对不相识的男性年长者可以称“大叔”或“大伯”；对不相识的女性年长者可以称“大婶”或“大娘”。此外，韩国人有时也会对男性称“君”，且往往同其姓名连称。

韩国人在公共场所非常注重自己的礼仪，他们认为保持稳重和严谨的仪态是有礼貌的表现。在公共场所，韩国人一般情况不会流露自己的感情，也不会大声喧哗，更不会在公共场所做出有碍观瞻的举动，如擤鼻涕、吐痰、抠鼻子、抓痒痒等，女性尤为注重这些仪态。

3.泰国礼仪文化

传统的泰国人在用餐时习惯围着小圆桌席地而坐，如果用餐者有地位之分，则应从上手座位起依次落座。在进餐方式上，他们喜欢用手抓取食物，只有很少人使用刀、叉和勺子。现在越来越多的泰国人喜欢在就餐时使用餐具，但十分简单，只有汤匙、筷子以及圆盘，圆盘用来盛饭，汤匙用来喝汤，而筷子则是用来夹菜。

由于泰国全年气候都非常炎热，泰国人一般不喝热饮，喝果汁时习惯往里面加少许盐。

泰国人非常注重产品的质量，甚至为此宁可放弃利益。他们接订单时，常会显得非常谨慎和理智，如果在限定的时间内做不出高质量的产品，就会因此而放弃订单。这常常会让一些外国商人感到失望和吃惊。所以泰国厂商制造出的产品（如手工产品、珠宝等）都是精益求精、用心制造的成果，处处都能体现出泰国人对高质量的追求。同时，他们也为能制造如此出色的产品而感到自豪。

此外，泰国商人很注重人际关系，对诚信而有魅力的人十分乐意交往。在商务会面时，他们经常会赠送客户一些小礼物，比如鲜花或者小甜点，以此来表达对客户的尊重。泰国人经商一般不喜欢冒险，不喜欢进行大规模投资，宁可依靠自己的力量一步一步地发展，也不愿意获得大额贷款。也正是由于这种过分谨慎，造成很多泰国商人不会轻易相信外人，所以现在很多泰国企业都带有浓重的家族色彩。

欧洲主要国家礼仪文化

欧洲，位于东半球的西北部，欧洲的面积是世界第六，是世界人口第三的洲，仅次于亚洲和非洲，欧洲是人类生活水平较高、适宜居住的大洲之一。欧洲有48个国家和地区。欧洲主要国家有英国、法国、荷兰、比利时、卢森堡、挪威、瑞典、芬兰、丹麦、意大利等。

1.英国礼仪文化

英国是一个讲究文明礼貌的国家，英国人注重修养，以礼待人，同时要求他人同样以礼相待。他们十分注意衣着打扮，在不同的场合穿什么衣服都遵循一定惯例。英国人时间观念很强，喜欢照章办事。英国人十分讲求“绅士风度”“淑女风度”，不轻易动感情或表态。

英国人除了宗教节日之外，国庆和除夕之夜是最热闹的。国庆是每年6月的第2个星期四，按历史惯例在英王生日的那天；除夕之夜全家围坐，举杯畅饮。人人高歌“辞岁歌”，除夕夜必须瓶中有酒、盘中有肉，象征着来年富裕有余。苏格兰人则提着煤块去拜年，把煤块投入亲友家的炉子里，并说：“祝你家的煤长燃不熄”，以求吉利。4月1日为一年一度的“万愚节”。

英国人认为大象愚笨、孔雀是淫鸟、祸鸟，因此忌讳用像大象、孔雀图案商品。他们的禁忌数字是“13”和“3”。忌谈话时将手插入口袋，忌送人百合花，他们认为百合花意味着死亡。忌当着英国人的面，耳语和拍打肩背。

2.法国礼仪文化

法兰西共和国位于欧洲大陆的西部，国土面积632834平方公里（包括4个海外省，其中本土面积543965平方公里）。人口6545万（2010年1月），其中法兰西人约占94%。绝大多数居民信奉天主教。首都巴黎。国花为鸢尾花。法语为国语，货币为欧元，原为法郎。

法国人大都热情开朗，初次见面就能滔滔不绝。法国人十分注重服饰美，服饰讲求时髦，喜欢用化妆品。法国人喜欢行亲吻礼。

在法国，与人见面需要事先约定，准时赴约也是有礼貌的表示，和中国不同，不需要提前到达。在公共场所，不允许大声喧哗。

法国主要节日有：国庆节（7月14日）；万灵节（11月1日）也称诸圣节，是祭奠先人，凭吊为国捐躯的先烈的节日；体育节（每年三月中旬的第一个星期日），由国家心脏学基金会发起“为心脏健康而跑”的活动。此外在法国北部城市土哥英一年一度要过鸡鸣节，这个节日民族气氛很浓。

送花不宜选用黄色，黄色被法国人视为不忠诚；忌墨绿色和黑桃图案，认为不吉祥；不能送法国女士香水和化妆品，只有十分亲密的人才可以，应避免产生误会。

3.意大利礼仪文化

意大利人90%以上信奉天主教。国花为雏菊、玫瑰，民间公认紫罗兰。意大利语为官方语言。货币为里拉。

意大利是一个热情好客，待人接物彬彬有礼的国度。见面时，握手或招手示意，对长辈、有地位或是不熟悉的人，姓后加“先生”“太太”“小姐”和荣誉职称。与意大利人谈话时，注意不要谈论政治和美国橄榄球，一般谈论工作、新闻、足球都是可以的。

意大利有过圣诞节、复活节、降灵节的习俗。圣诞节（12 月 25 日）是基督教纪念耶稣诞生的节日，不仅是宗教节日，也是民间重大节日。每逢节日来临，庆祝活动有家人团聚、亲友聚会、扮演圣诞老人、摆圣诞树、送圣诞贺卡、做圣诞食品、点圣诞烛、烧圣诞菜、唱圣诞歌等。

意大利还有：国庆节（6 月 2 日）、建城节（4 月 21 日）、狂欢节、情人节（2 月 14 日）等。

意大利人过新年别具一格。人们燃放爆竹烟火，并在一起唱歌跳舞，午夜时分，家家户户将旧瓶、旧盆、旧坛、旧罐等全部扔出户外摔碎，这是意大利人过新年的传统方式。

忌送意大利人菊花，因菊花盛开时，正是他们扫墓祭奠亡灵之时。

4.西班牙礼仪文化

西班牙人绝大多数信奉天主教。首都马德里。国花石榴花。西班牙语为官方语言。货币为欧元。

西班牙人通常讲究穿着。当会见西班牙同行和商务客人时，一般可称他们为“先生”“夫人”“小姐”。同西班牙人第一次见面时，通常为握手礼。有些西班牙人在遇到久违的朋友时爱用拥抱和亲热地拍肩等方式互致问候。在西班牙，人们经常需要交换名片，这是一种有礼貌的表示。西班牙人书写姓名或印刷名片时，必须在其姓名后面加上母亲家族的姓，在交谈时，人们只称呼客人的姓，而决不会加上其母亲的姓，但写信时必须加上。交谈话题如涉及斗牛，那么必须把斗牛看成一种伟大的难度极高的地道的西班牙艺术，西班牙人对其有极为浓厚的感情色彩，若对这种传统风俗表示异议，他们会很不高兴。他们喜欢谈论体育与旅游。

西班牙盛行一种富有民族特色的斗牛竞技表演。斗牛是在一个直径为 80 米的圆形露天沙地进行，每场表演分 6 节，每节斗 1 头牛。如斗牛士一次将牛杀死，将得到牛耳做纪念，乐队高奏凯歌，斗牛士接受观众的祝福。斗牛士如 3 次刺杀，不能把牛杀死，便名誉扫地，终身退出斗牛场。而这条牛在医治伤口之后，像神一样被供养起来，不再参加表演。在这充满危险的表演中，斗牛士有时也会失手，甚至丧身于牛角之下。

西班牙人有午休的习惯，一般在下午 1 时到 4 时 30 分间停止办公。他们喜欢过夜生活，晚上电影最早放映时间是 22 时，舞剧院开场则更晚些。同朋友通电话谈心与聊天，最适合的时间是晚上 12 时至凌晨 1 时之间。

西班牙人喜欢石榴花，康乃馨，而忌讳大丽花与菊花不能作为礼物送人。

美洲主要国家礼仪文化

美洲位于西半球，大约 9.5 亿居民，占到了人类总数的 13.5%。是唯一一个整体在西半球的大洲，美洲又被称为“新大陆”。美洲共计 37 个国家和地区，主要国家有美国、加拿大、格陵兰、墨西哥等。

1.美国礼仪文化

美国人在日常生活中不拘小节，崇尚自由、轻松、随意，他们没有城府，喜欢幽默，且自尊好胜。在生活中也较为讲究礼仪。

总体上讲，美国人之间的交往比较随意，即使是第一次见面也不一定握手。但在正式场合，则比较讲究礼仪，握手是最常见的见面礼仪，同时穿着也比较正式。美国人的姓名排列顺序正好与中国相反，前面是名字，后面是姓氏。在日常交往中，一般对男士尊称“先生”，对未婚女士称“小姐”，对已婚的则称“太太”。

美国人还十分讲究“个人空间”。与人交往时，他们会时刻注意与对方保持适当的距离。人们不喜欢离得太近，离得太近会使人感到不舒服。同性男女一旦过了童年期，就不会手拉手或者一个人搭着另一个人的肩膀走路。若与美国人交谈，必须保持在 60 厘米左右的距离以上，这是他们认为最有分寸最友好的空间。如果需要与他人同坐一桌或相邻就座的话，他们会首先问一声“我可以坐在这儿吗”，得到允许后才坐下。

美国人生性浪漫、为人真诚，与人交际时实事求是、坦率直言，对于自己的情况大多都会竭尽真实地表述，他们不喜欢过分谦虚、客套的言语，在他们看来过分谦虚是一种不自信和无能的表现。

美国人认为尊重长者和妇女，是一种礼仪也是一种风度。在公共场合，一般都要礼让、照顾年老者及妇女：公共场合就座时，礼让老人及妇女先坐；走路时，礼让老人和妇女走在右边。

美国人热情好客，自由随意，为使客人也能轻松随意，宴请客人一般要在家中进行。请美国人用餐，他们一般是不提前到达的，而是准时或迟到 5 分钟至 15 分钟。

美国人在生活中也有一些礼仪禁忌，如美国人忌讳“13”“星期五”“3”，他们认为这些是厄运和灾难的象征；忌讳有人在自己面前挖耳朵、抠鼻孔、打喷嚏、伸懒腰、咳嗽等；忌讳有人冲他伸舌头，认为这是对自己的污辱；忌被人问到自己的年龄；忌问价钱；忌被人说自己“胖”等。

2.加拿大礼仪文化

在加拿大人们相遇时，都会主动问好，即使是陌生人也会主动打招呼。如果是再次相逢，他们会比之前更加热情。除了相互问候外，彼此之间一定会热情地握手。在一般场合，加拿大人喜欢直呼其名而略去其姓，只有在非常正式的场合，加拿大人才会对对方连姓带名一同加以称呼，并冠以尊称。加拿大人的姓名如同欧美一样，名在前，姓在后。在加拿大，父子之间互称其名是很常见的事。

加拿大人在社交场合，一般姿态比较庄重，举止优雅。在交谈时，加拿大人会和颜悦色地看着对方，显得很有自信和礼貌。

在正式的商务场合，加拿大人第一次见面一般先做自我介绍，同时有礼貌地递上名片。在商务活动中赠送礼品时，最好赠送有民族特色的礼品。如果有比较正式的商务活动，加拿大人会事先通知你参加的时间，不宜提前到达。

加拿大人大多数信奉新教和罗马天主教，少数人信奉犹太教和东正教。“13”是他们忌讳的数字，同时他们也不喜欢“星期五”，认为是灾难的象征。他们还忌讳白色的百合花，常用百合花悼念死人，认为白色的百合花给人带来死亡的气息。

非洲主要国家礼仪文化

非洲为世界第二大洲，位于东半球的西部。非洲人多信奉伊斯兰教、天主教和基督教，礼仪比较复杂，且经济落后。非洲共计 59 个国家和地区，主要国家有埃及、利比亚、苏丹、摩洛哥、索马里、吉布提、肯尼亚、坦桑尼亚等。

1.埃及礼仪文化

阿拉伯埃及共和国（简称埃及）是世界上四大文明古国之一，是亚、非人民交往的纽带，其国土面积 100.145 万平方公里，人口 7950 万 (截至2008 年 12 月)，居民主要为阿拉伯人，约占 87%，科普特人约占 11.8%，居民多信奉伊斯兰教。首都开罗。国花为莲花。阿拉伯语为官方语言，货币为埃镑。

埃及人爽朗好客，态度和蔼，待人宽容。埃及人在招呼时，往往以“先生”“夫人”和头衔称呼对方。见面介绍行握手礼，有时见面也行亲吻礼。“祝你平安”是埃及人最广泛使用的问候语。

埃及主要节日有：国庆节 (7 月 23 日)、惠风节 (4 月下旬)、开斋节 (伊斯兰教历 10 月 1 日)、古尔邦节、尼罗娶妇节等。

蓝色和黄色是埃及的禁忌颜色，丧事都穿黄衣服。埃及人还忌针，针在埃及是贬义词。

2.坦桑尼亚的礼仪文化

坦桑尼亚联合共和国位于非洲东部，国土面积945087平方公里，其中桑给巴尔2657平方公里。人口4370万(2009年)，其中桑给巴尔近120万，居民绝大多数为非洲黑人，内地人多信奉拜物教，沿海地区居民多信奉伊斯兰教，而城镇居民多信奉天主教和基督教。

坦桑尼亚人爱好音乐，能歌善舞，待人热情诚恳，注重礼貌。在坦桑尼亚，无论被介绍给谁，都要与对方握手问好，客人和主人之间互称“某某先生”。不要称呼他们为“黑人”，而应称“非洲人”，否则是对他们的蔑视和不礼貌。交谈时不宜谈论国内的政治、气候，以免激怒坦桑尼亚人。他们生活在热带，衣、食、住都较简单，生活方式同其他地区有较大的差异。

坦桑尼亚部族众多，风俗习惯也各异。如马萨伊族，女子一律剃发，男子则留发梳辫子，还用牛血洗头、染发，所以，这个民族的男子都是黑脸红头发。而且男男女女都戴耳环，穿着也很简单，男子只用一块又长又宽的布，从肩上裹围到腰，从腰部搭下来遮身。妇女们有以头顶来搬运东西的习惯。

付小费也要懂点规矩

在国外很多城市的服务业都十分讲究给服务员付小费，这已经成了一种礼仪。早在18世纪，英国开创了付小费的礼仪。当时，餐桌上放着一只碗，如果你将钱放入就能得到周到而迅速的服务。后来，这种做法逐渐传到世界各地，成了一种礼节。

世界各地付小费的金额差别很大，给服务员多少小费要视情况而定。在外国，如果你一毛不拔，总给人一种小气、撑不住大场面的感觉，有时甚至会被视为一种无礼的行为，那么你的气场就被小气和无礼掩盖住了。所以，你要掌握一些付小费的规矩，做一个有礼又能撑得住场面的大气之人。

一般而言，付小费应当注意以下几点。

1.付小费要按规矩办事

在欧美国家的付小费原则：对为你服务的旅行团导游、司机、行李搬运工、宾馆服务生以及客房清洁工，都应该给付一定数额的小费。小费的计算方法分为3种：一是按账单金额的10%～15%计算；二是按件数计算；三是按服务次数计算。在欧洲的一些酒店，在结账时理应将付款总额的10%～15%作为小费。除此之外，客人付约5%的小费给服务员。

2.付小费应注意场合和方式

在酒店或旅馆等地方，付小费应当将其放在茶杯或餐盘下，或是私底下直接给服务员。对于代表官方接待的人员，不允许付小费，但是可以赠送一些纪念品。

3.给付小费要入乡随俗

不同的国家、不同的地区，付小费的做法和数额是大不相同的。因此，如果你打算到国外一个新地方，最好提前了解一下那里付小费的方式和付费数额，做到入境随俗，酌情给付。

（1）在日本，虽然没有付小费的传统，但客人在进入酒店大门时，可以向女接待员付一定数额的小费，而对其他人员则可不必。

（2）在泰国，客人或多或少都需要付一定数额的小费。

（3）在新加坡，付小费是被明令禁止的，因为付小费意味着服务质量差。

（4）在瑞士，酒店、饭店是不公开收取小费的，但司机可以按明文规定收取车费 10%的小费。

（5）在法国，付小费是公开的，凡是服务性行业，都可以收取不低于价款 10%的小费，而且财政税收也将小费计算在内。

（6）在意大利，收小费是半公开的。当你遇到“拒收”的示意时，最好趁着服务员送账单之时递上小费。

（7）在北非和中东地区，收取小费是“理所当然”的事。因为从事服务性活动的大多是老人和孩子，小费是他们的全部收入。如果客人不付或忘记付小费，他们会追上去索要的。

（8）在美国，付小费和收小费是一种极其普通和自然的礼节性行为。

（9）在墨西哥，人们通常把付小费和收小费视为一种感谢与感激的行为。

不懂国际忌讳，气场会被冲散

不犯他人忌讳，既是自己修养的体现，也是对他人的尊重。跟其他的礼仪一样，涉外礼仪除了基本的礼仪规范之外，也有诸多的礼仪禁忌，这些礼仪禁忌是涉外礼仪当中不可忽视的重要组成部分。一个有气场的人一定特意避免他人忌讳来表达自己的尊重。

1.尊重妇女是一种教养

“女士优先”已经是现代国际社会一条公认的重要礼仪。每一位成年男性都要自觉主动地用自己的实际行动表达对妇女的尊重和照顾。与女性交谈时，要用尊称；就座时，应先让女士落座；排列礼仪顺序时，女士排前；男士不在女士面前吸烟，等等。“女士优先”原则还要求男士们对所有的妇女都要一视同仁，不可厚此薄彼。

2.右尊左卑：以右为尊惯例

在正式的国际交往还有一项公认的基本原则就是“以右为尊”的原则。按国际惯例，最基本的规则是右高左低，即以右为上，以左为下，以右为尊，以左为卑。此项原则适合于以下几个场合，在涉外交往中，要特别注意。

第一，行走、站立、就座时，国际上的一般礼节为：主人居左，客人居右；男士居左，女士居右；晚辈居左，长辈居右；未婚者居左，已婚者居右；职位、身份低者居左，职位、身份高者居右。

第二，去外宾下榻的酒店接待拜访外宾，就座时：外宾居右，拜访者居左。

第三，举行正式谈判时，谈判桌横放于室内时，以面对正门的一侧为上座，以背对正门的一侧为下座。但是届时各方人员进行具体排列时的做法，与谈判桌竖放于室内时的情况却相类似，即位于主谈者右侧的位置，在地位上高于位于其左侧的位置。

第四，国际会议时，会议主席台上的排列，也是要讲究以右为尊。就连发言者所使用的讲台亦须位于主席台的右前方，这是给予发言者的一种礼遇。在排列涉外宴会的桌位、席次时，同样必须应用以右为尊原则。

第五，乘坐轿车时，车上具体位次的确定，亦应遵守以右为尊原则。具体而言，通常以后排右座为第一顺序座，应请尊长或贵宾在此处就座。接下来的第二顺序座、第三顺序座则分别应为后排左座、后排中座。

第六，悬挂国旗时必须依照以右为尊的原则。具体而言：并排悬挂两国国旗时，按惯例应以国旗自身面向为准，右边悬挂来访国国旗，左边悬挂东道国国旗；需要同时悬挂多国国旗时，应以国旗自身面向为准，越往右侧悬挂的国旗，被给予的礼遇就越高，越往左侧悬挂的国旗，被给予的礼遇就越低。在确定各国国旗的具体位次时，一般的做法是按照各国国名拉丁字母的先后顺序而定。在悬挂东道国国旗时，也可以将其悬挂在最左侧，以示东道国的谦恭之意。

3.涉外数字禁忌

很多国家的人们在长期的生活实践及信奉宗教的时候，形成了对于某些数字的禁忌，在涉外交际场合要注意了解这些数字禁忌，避免触犯这些禁忌，也是涉外交往中的一种礼仪需求。那么涉外交往中数字禁忌有哪些呢?

“3”：西方人因对战争死亡的恐惧，忌讳数字“3”，特别是在点烟点到第三个人时，他们往往会面呈难色，有的人甚至会婉拒。

“4”“14”“44”：在日本，由于“4”与中文的“死”发音相近，所以日本的医院都没有4号病房和病床，谁也不愿意躺在“死”号病床上。在韩国，很多旅馆没有4层楼，门牌没有4号，韩国军队中也不用4字。所以与日本、韩国友人互赠礼品时切记不送数字为“4”、谐音为“4”的礼品；不要安排日本人入住4号、14号、44号等房间。

“9”：日本人因“9”的发音和“苦”相近，所以也在忌讳之列。

“13”和“星期五”：信奉天主教、基督教的人十分忌讳这一数字和日期，认为它们是厄运和灾难的象征；一些西方人认为13之不祥是耶稣被钉十字架就是在13号星期五；纽约股市在一个星期五大崩盘，给人们留下了很久难以弥合的心理创伤，于是有“黑色星期五”的说法。因而，在涉外活动中要避开与“13”“星期五”有关的一些事情，更不要在这一天安排重要的政务、公务、商务及社交活动。

4.奇风异俗：颜色禁忌

不同的国家之间的宗教信仰不同，历史文化习惯不同，相应的对颜色的喜好和禁忌也各有差异。在涉外交往中尤其要了解正在交往的国家的颜色禁忌。

日本：禁忌黑白相间色、绿色、深灰色。

新加坡：视紫色、黑色为不吉利，黑、白、黄为禁忌色。

缅甸：越南的村寨路悬挂有绿色树枝时，是禁入的标志，外人不得进入。

泰国：禁忌褐色。

马来西亚：视黑色（丧礼上穿黑色）为不吉利，认为黑色是消极的。

巴基斯坦：居民视黑色为消极。

印度：黑、白色和灰色，被视为消极的，不受欢迎的颜色。

伊拉克：国旗的橄榄绿在商业上是禁止使用的。

埃及：忌讳黑色与蓝色、紫色。

利比亚：忌讳黑色。

尼日利亚：视红、黑为不吉利。

科特迪瓦：忌暗淡和黑、白相同的颜色。

埃塞俄比亚：禁忌黑色及其他淡颜色。

利比里亚：黑、白带有消极的含义。

马达加斯加：黑色带有消极情调。

巴西：视棕色为凶色，忌讳棕黄色。

叙利亚：忌用黄色，认为黄色表示死亡。

埃塞俄比亚：出门做客不穿浅黄色衣服，因为他们认为穿淡黄色服装是表示对死者的哀悼。

英国：厌恶绿色，因为他们以橄榄色作为裹尸布的颜色。

法国：厌恶墨绿色，因为纳粹的军服色是墨绿色。

欧美国家：以黑色为丧礼的颜色。

5.花卉禁忌知多少

鲜花美丽又富有魅力，送鲜花已成为人们社交活动中的一项礼仪活动，人们在长期的生活生产实践中，对于鲜花的花语、花意也形成了或统一或相异的认识，甚至很多国家还形成了某些禁忌。在涉外交际场合，一定要了解各个国家的鲜花禁忌，以免引起不必要的麻烦或误解。

根花：日本人严禁用根花探视病人，因为日文的“根”字和“睡”字的发音相同。

荷花：在日本是象征祭奠的不祥之花。

红玫瑰：在大多数欧洲国家，红玫瑰是爱情的象征。

白色百合花：在印度和欧洲国家，不宜送白色百合花，这是给死者的专用虔诚悼念品。

白花：在欧洲，人们以花为礼时，除生日与命名日之外，一般忌用白色鲜花。白色的月季在印度和欧洲常作为对死者最虔诚的吊唁品。

郁金香：德国人认为郁金香是无情之花。

康乃馨：在中国母亲节送给母亲，但是在法国，康乃馨被视为不祥的花朵。

黄花：大部分的国家都认为黄色的花不吉祥。法国人认为黄色花象征着不忠诚。英国人忌用黄玫瑰为礼花，认为黄玫瑰象征亲友分离。

紫花：巴西人忌用紫色的花为礼花，紫花为葬礼用花。

红花：墨西哥人普遍忌讳红色的花，认为其有符咒之意。

菊花：大部分的欧洲人和拉美人视菊花为“妖花”，只能用于墓地和灵前。

另外，菊花、杜鹃花、石竹花、黄色的花是在国际交际场合中的禁用花，这也是国际上众所周知的惯例。

6.了解各国的饮食禁忌

与外国人交往时，要了解他们的饮食文化，特别要注意了解他们的饮食禁忌。外国人饮食禁忌产生的原因一般有三种：个人习惯、风俗禁忌、宗教禁忌等，这里要特别注意各国的风俗及宗教饮食禁忌。

中东国家大都信奉伊斯兰教，他们禁食猪肉、狗肉、猫肉以及鱼肉、马肉、驴肉，还有一切未放血的动物的肉；阿拉伯人不爱吃海参、螃蟹等食物，也不食无鳞鱼。穆斯林在正式场合严禁饮用含酒精的一切饮料。信奉伊斯兰教的国家每年有斋月，斋月是按回历推算的。在斋月里日落之后、日出之前不能吃喝，所以来访、出访时都要尽量避开这个时期。

信仰印度教的国家将牛奉为神物，所以在印度、尼泊尔很多人不吃牛肉。尼泊尔的法律规定，神牛和母黄牛受到法律保护，一律不得宰杀。

巴基斯坦：禁止吃猪肉，一般不抽烟，不喝酒，不让女性见客人，邀请客人时也只邀请男客人而不会邀请其夫人，即使邀请了，其夫人也不会参加。外国人在巴基斯坦也禁止饮酒。

身在异国他乡，不可不懂国际上的一些惯例和忌讳，不能因为自己的无心之过触犯他人的禁忌，这样会使双方都陷入尴尬，同时还会冲散你辛苦建立的气场。相反，讲话做事若是巧妙避开他人的禁忌，不仅让沟通交流顺利进行，还会体现你的内在涵养和文明素质，强大你的气场。